蕭公權先生全集⑤

翁同龢與戊戌維新

蕭公權・著　楊肅獻・譯

出版說明

一、蕭公權先生（1897-1981）一代通儒，士林共仰。民國六十八年春，本公司約請汪榮祖教授編輯「蕭公權先生全集」，其間因版權交涉與編校工作遷延時日，全集未克於先生生前出版，不勝遺憾。

二、全集計分九冊，凡先生重要著作，均一一收入。

三、第一冊收集先生自傳、書信、談話及紀念文字，滙爲一編，名爲「道高猶許後生聞——自傳・書信・談話錄」

四、第二冊係根據先生手書詩詞「迹園詩稿」、「迹園詩續稿」暨「畫夢詞」等三種，合爲一帙，影印出版，名爲「小桐陰館詩詞」。

五、第三冊「政治多元論」（*Political Pluralism: A Study in Contemporary Political Theory*）爲先生博士論文，特譯爲中文出版。

六、〔中國政治思想史〕原於民國三十四年由上海商務印書館出版，今詳加校訂，增列相關論文暨索引，重排出版，並遵先生親囑，列入全集第四冊。

七、第五冊〔翁同龢與戊戌維新〕，原爲英文著作，刊於〔清華學報〕新一卷二期，特譯爲中文出版。

八、第六、七冊分別爲先生英文專著〔十九世紀之中國鄉村〕（*Rural China, Imperial Control in the Nineteenth Century*）及〔康有爲研究〕（*A Modern China and a New World: K'ang Yu-wei, Reformer and Utopian, 1858-1927*）二書，特聘專家迻譯爲中文，陸續出版。

九、第八冊〔憲政與民主〕爲先生論政之作，原書於民國三十七年出版於上海。

十、第九冊〔迹園文錄〕收輯先生中文雜著暨中譯英文論著二篇。

十一、先生治學精勤，著作富贍，除專書外，散見中外報章雜誌，網羅匪易，爲求完備，特將本編未收英文短篇論文存目編爲「蕭公權先生未收論著目錄」，附於〔迹園文錄〕書末，以供讀者參考。

弁言

〔翁同龢與戊戌維新〕原係英文論著，發表於一九五七年四月出版的清華學報上，今由楊肅獻譯成中文，列爲蕭公權先生全集之第五册。

翁同龢江蘇常熟人，咸豐六年（一八五六）狀元，後以同光兩朝帝師，久値中樞，對晚清政局影響至巨。蕭先生深入分析翁之性格與心術，及其與戊戌變法運動興亡的因果關係。翁氏雖有忠君之心，然亦不無一己權益之念，其政治目的實在以其個人爲主導的變法運動。職是之故，李鴻章、張之洞雖與翁俱屬溫和的改革派，而翁不惜事事阻撓，蓋因李張的聲名與權力非翁所能駕馭。是故乃大力引進新銳：如張謇、湯震、陳熾等，以爲己援，康有爲亦因此而進。然康進用之後，極得皇帝信任，且康之變法思想遠較翁爲激進。翁復圖沮康以自保，於是觸怒亟謀變法圖強的光緒帝，而遭罷黜。一般認爲保守派促慈禧太后斥退翁師傅，自非實情。故非由翁同龢的「心術」不能洞悉翁氏何以引進康氏於前，復沮之於後，以至罷黜的經緯，蕭先生於此書中指出，戊戌變法維新時期的政爭不僅是單純的新舊思想之爭，且參雜了無關新舊的個人權益之爭。翁同龢當然不是唯一「利己」之人，但他的「利己」行動却對變法運動影響深遠。假如翁氏只謀「忠君」而不圖「利己」，能與較溫和的改革派李鴻章、張之洞輩合流，縱不能使腐敗的清廷國富而兵強，至少可避免殘酷的政變，延長變法維新的壽命。蕭先生認爲無論如何變法終無成效，革命之終不可免。但在當時許多士人如陳寶箴等，甚信若由張之洞領導溫和改革，則變法大有成功之望。如陳氏所言不虛，則翁氏一己之行動關繫戊戌維新運動的成敗，尤大矣哉！

法國漢學家白斯蒂女士也研究翁同龢，她覺得蕭先生對翁同龢太「狠心」了，想是指對翁氏野心與隱情的揭露。但是歷史學家只應問分析得是否正確與公平，却不應該有婦人之仁。劉勰史傳主張爲賢者諱，有云：「若乃尊賢隱諱，固尼父之聖旨，蓋纖瑕不能玷瑾瑜也」。此於現代史學標準而言，不僅是不必要而且不應該。但時至今日，中國的現代史學家對近代人物的評估能無隱無諱，不偏不依者，殊不多見。蕭先生在本書中所展示的「和盤托出」筆法，值得大家借鏡。

汪榮祖　謹撰於維州柏堡庸椽樓

一九八三年四月十三日

目錄

導言

本文的研究係根據一種假說：若對「戊戌維新」這種重要事件的發生，不明瞭其產生的歷史環境，便不可能適切了解。而要明瞭這個歷史環境，最便當的方法，便是以此一時代一位重要人物爲核心，並從此環境有關因素與影響力來追溯史事。

翁同龢顯然正契合我們的目的。他擔任清德宗帝師二十餘年[1]，在塑造這位青年皇帝的思想上，扮演著重要角色。爾後，活躍於北京官場，取得光緒多年的信賴，直到西元一八九八年被罷黜爲止。此外，他也獲得慈禧太后三十餘年的信任，除了高官厚祿，並兩度出任帝師。在一八八

1 亦即在一八七五年至一八九六年間。不過，在一八九四至九六年間，僅有斷續的教授。翁同龢，「翁文恭公日記」（以下簡稱「日記」）卷三三，頁一二三a，卷三五，頁五b。

〇年中俄條約正在商談的那段紛擾日子裏，又賦予他協助決定要政的責任[2]。在一八八六年至一八九八年間，他的官運亨通，歷任戶部尚書、軍機大臣、入值總理衙門、協辦大學士等。因此他縱然不能實際決定朝政，仍對清廷大政有極大的影響。在另一方面，他也具有政治上的重要性。在北京官場中，他是所謂「南派」[3]的兩大領袖之一，成爲清末大臣中黨派之爭與私人恩怨的核心人物。因此，了解翁氏的態度、活動與人際關係，特別是他在一八九〇年代的表現，正可做爲研究戊戌變法有用的導引。

我希望本文提出的證據可以證實下列暫時性的結論：一、百日維新之所以發生，不僅是由於少數朝臣志士秉愛國之誠，欲救國家之危亡；也是由許多個人動機與制度等錯綜複雜的因素所促成的。二、支持或反對維新的人，不止是因爲他們在思想上有「進步」或「保守」之別，亦因他們感到變法維新與他們切身利益有利害關係。三、變法維新所以未達到其支持者所期望的結果，並不單是受到保守派——包括從思想上及既得利益上反對變法的人——的抵制，而且也是

[2]〔清史稿〕，「列傳」，卷三二三，頁三a。

[3]Bland and Backhouse, *China Under the Empress Dowager*, pp. 158-9; 180-3; H. B. Morse, The *International Relations of the Chinese Empire*. Vol. 3, p. 133 Bland 與 Backhouse 的可信度曾廣受質疑。本文著者所引用的都是書中有用的部分，這並不表示全書都被普遍認可。「南派」是個很模糊的概念。此處援用這個名詞目的僅在強調翁深捲入黨派之爭中。南派的另一個領袖是潘祖蔭（一八三一—一八九〇），見 Hummel, *Eminent Chinese of the Ch'ing Period*. Vol. 2, pp. 608-9.

因爲受到反對無限制變革當前政治者的強烈反對；換句話說：變法運動面臨了無從克服的困難，不但「保守派」反對，卽「溫和派」亦加以反對。四、包括翁同龢在內的一八九○年代溫和改革論者代表著自一八六○年代開始而持續至清朝覆亡的一個趨勢，而康有爲的變法則與此一普遍趨勢相背離。因此，戊戌政變雖推翻了康有爲的變法，卻未中止此一趨勢。五、卽使翁同龢及其他溫和派人士的願望得以實現，戊戌維新運動也挽救不了搖搖欲墜的帝國，這是歷史情勢所使然。

在某種程度上，翁同龢是個爭論紛紜的人物。他的同代人及後世史家對他的評價殊不相同。有時候，他被視爲變法的支持者，有時卻被指爲保守派。近日的學者對翁氏其人及其歷史角色各有不同的解釋與評價[4]。但是，進一步的探討仍舊是有用的。筆者或無原創性的解釋，僅擬透過細節的研究、追溯現有的線索，以期對整個情勢提出一套較完備的看法。

翁同龢卷帙浩繁的四十卷手寫日記是最重要的原始史料，它或許不是完全正確或可信的紀錄；實不能提供歷史家所希望得到的全部資料。但是，其大體上可信，則屬無可置疑[5]。卽令它

---

[4] 有兩篇特別值得注意：Ho Ping-ti, "Weng T'ung-ho and One Hundred Days of Reform", *Far Eastern Quarterly*, X (1951), 125-135 (here after, Ho, FEQ.)；吳相湘，「翁同龢康有爲關係考實」，〔學術季刊〕，卷四（一七五五），頁一一一二。

[5] Ho, "Weng T'ung-hoad and One Hundred Days of Reform"

曾經過原作者的修改；改動的幅度似乎也不太大[6]。當然，翁的日記與當時其他人如康有爲、梁啓超諸人的著作一樣，在使用時仍需謹愼[7]。其中不免含有黨派之見、個人恩怨及常有的記憶錯誤。其他各種不同的記載必須用以與這些事實一一對照，只要處處留心，則翁氏日記及當時其他相關著作應可提供許多重要資料，從而推出有效的結論。不過，有許多資料，筆者未能見及，所得的結論自難能確切。

6 翁同龢自己暗示他可能修改了日記中的某些部分。〈日記〉，卷三八，庚子，頁五b（一九〇〇年二月二十七日）云：「檢日記至甲午年，棖觸多感。」，頁六b云：「一日只檢日記一本，甚厭其煩，多所棖觸。」後來所記的日記指示，翁氏只是「看日記」。翁氏或許認為把一八九四年以後那多事的幾年中所記的部分重新翻閱並訂正一遍，較為明智。從他每日「檢」一本看來，他似不可能全面改寫。見〈日記〉，卷三八，頁五一b—五二a。

7 吳相湘，「翁同龢與康有為關係考實」。

第一章　翁同龢的學術與心術

有些歷史家對翁同龢作這樣的評價：

同龢久侍講幃，參機務，遇事專斷，與左右時有爭執，羣責怙權，晚遭讒沮，幾獲不測，遂斥逐以終[1]。

這段評價很難說是讚譽之辭。細讀他的日記，特別是他早年所記的部分，會令人感到這個評斷有所根據，翁同龢在紀錄自己某些隱秘的思想和情感時，無意中透露出他是個雄心勃勃的官僚，渴望在仕途出人頭地；同時，他也是個嚴肅的學者，深深關切這個多難的帝國。

他在三十二歲（中進士後六年）那年除夕所記的日記最能道出他的心情：

1〈清史稿〉，「列傳」，卷二二三，頁四a。

> 夜闌靜坐，爆竹甚稀，蟻蝨微臣，上念先帝雲霄之隔，俯覽東南水火之深，百感填膺，慷慨思奮矣！欲立一誓，從心體上著力，凡富貴利達之念，掃除淨盡，然後能任得事，然後能見得理，勖之哉[2]！

兩年後的新年元日，他在日記中記道：

> 自念華髮垂顛，修名未立，自會以始，當以著誠去妄為第一事，日夕自勉而已[3]。

然而，十年後，當他晉升為戶部侍郎後，他深信自己將在宦途上飛黃騰達，因而迫不及待地着手準備迎接這麼一天：進一步的高昇會帶給他「紫禁城騎馬」的榮譽。一八七六年，他承認自己所以練習騎馬，固然在便於行路，同時也有助於治病；而「其實命意別有所在。」[4]大約兩年之後，他終於獲得了這期待已久的恩典[5]。另一樁似乎微不足道的行為也可為翁氏這種情懷提供一些暗示。他屢次談及皇室賜給他的種種恩典與榮寵。在許多場合，他一再細數所赴宮宴的種種細節，包括席次的安排，出席的賓客，以及留給他與其他同僚的特別席位等[6]。

---

2 翁同龢，〈日記〉，卷二，頁一三六b。

3 同上，卷四，頁一a，甲子。

4 同上，卷十五，頁四○，丙子。

5 同上，卷十七，頁六五a及卷三十，頁六五a。

6 同上，卷二二，頁六八b（一八八三年）中有一個很好的例子。當翁同龢甫入軍機六個多月時，「辰初一刻入座，在東邊門第三間，二十年來由第五間至此，约天之夢長矣！一間惇、恭兩王，二間惠王等近支，三間軍機四人，四間尚書等九人，五間毓慶宮二人，……」

在國家或個人利害瀕於危殆之時，翁氏與大多數國人一樣，常祈助於神明。例如，在一八七一年，華南某些地區流傳著「妖異」之說，翁氏把它解釋爲外人即將侵擾中國的惡兆，並爲之憂心不已[7]。他曾多次把種種可怕的自然現象解釋做惡運當頭的惡兆[8]。某次，他的侍妾患重病，他親赴北京的一座關帝廟祈神保祐[9]。直到一八九四年，中日議和期間，他曾釋一夢，說是將「伏於夷」的惡兆[10]。

翁氏的日常行爲實與當時一般心懷大志而行爲嚴謹的士大夫無顯著差別。他的思想、見解亦復如是。跟同代其他的士大夫一樣，翁氏完全浸潤於一般人普遍接受的儒學傳統之中。但是，他並未一貫地遵行程朱學派的信條。程朱之學乃當時的官學，許多大官，特別是倭仁、徐桐兩人，都信奉程朱之學[11]。翁氏一度對程朱的敵派陸王學派深感興趣[12]，但是不久之後，他還是轉而崇奉朱子之學[13]。這種折中的思想態度促使翁氏後來接受了李塨的思想——李氏是批判理學最爲直

7 翁同龢，〈日記〉，卷十一，頁七三b。

8 例如，同上，卷三十，頁六六a，六七a（一八八一年）；卷二六，頁五六b（一八八七年）。

9 同上，卷二八，頁八〇a（一八八九年）。

10 同上，卷三三，頁一〇三a（一八九四年）。這條說：「夜夢拜母姨於高樓。姨者夷也，拜，伏也，非吉兆也。」

11 倭仁和徐桐兩人都排外並反對變法。Hummel, *Eminent Chinese*, Vol.1, p.407 and Vol. 2, pp. 861-3。

12 翁同龢，〈日記〉，卷一，頁一〇b（一八六〇年），庚申；卷四，頁一a（一八六五年），甲子。

13 同上，卷七，頁二六a、二七a、五二a、七三a、七五a（一八六七年）。

率、最有影響力的人之一[14]。

或許部分受到李塨強調經世致用而反對程朱格物窮理的影響[15]，翁氏對國家大事極爲關注。在此之前，翁氏對英法聯軍一役幾乎漠不關心。他只在日記中記著「夷兵」入城，依舊安然地從事著一般學者的例行工作，做詩、練字，好像這個國家根本不曾發生過什麼大事。當清廷與太平軍及捻匪做殊死之戰時，他同樣未表關心[16]。遲至一八六二年，他似乎依舊過著一般士大夫的優閒生活[17]。然而，一八七〇年，在他對李塨表示崇仰之後兩年，他對當時擾攘國中的大事開始表現眞誠的關懷。當他聽到天津暴民殺害法國公使，破壞敎堂的事件後，徹夜未眠，思索這件事情的後果[18]。同樣地，他也關心一八七一年的朝鮮局勢[19]。五年以後，他任戶部侍郎時，曾研讀有關財政經濟的書籍[20]。一八八八年，任戶部尚書，擬訂了他的基本財政政策：「內庫積銀千萬，

---

14 翁同龢，〈日記〉，卷八，頁一八b（一八六八年）。

15 一八七〇年春，當帝師們商討年輕的穆宗皇帝的課程時，這點可能就首次表現出來了。翁反對徐桐（朱學的忠實信徒）的觀念，並說：帝師應「急時務而緩理性（卽理學）」。同上，卷十，頁二八。

16 同上，卷一，頁一一a—五三b，散見各頁。

17 同上，卷三一，頁八九b。

18 同上，卷十，頁二八b。

19 同上，卷十一，頁六七b。

20 同上，卷十五，頁九b，丙子（一八七六）。

京師盡換制錢，天下錢糧微足。」[21] 愈來愈重的行政責任，加上李塨在思想方面的影響，翁氏顯然已成爲一個完完全全的實幹者。

翁氏的對外態度與對外政策，在長期的宦途中，也有所改變。他基本上是個「自以爲是的愛國者」，視中國高於他國，而以對列強採取妥協政策爲恥。他仇視洋教，特別是天主教，把北京的教徒當作是「豺狼橫行於轂下」[22]。他對曾國藩以妥協的手段處理一八七〇年的天津教案也公開表示不滿[23]。翁氏的排外態度並未因他對國事漸增興趣而有基本上的改變。事實上，遲至一八九一年擔任戶部尚書時，他仍認爲江蘇、安徽各地排外的亂事，是「公憤」的表現，雖然他並非不知道這些事情對國內的和平、安定沒有好處[24]。甚至在一九〇〇年，拳亂及外人佔領北京的消息引起他對「夷兵」、「外夷」的痛恨，還要超過他對那些誤導慈禧太后罹此大難的人的憤恨[25]。他在一八八〇年代所寫的一段評論最能表現他對外人的憎惡。身爲清廷大員，他參加了總理衙門的新年團拜，正好外國公使團也到那兒賀節，翁在日記中寫道，他在那兒所見的外使無非是一羣

---

21 翁同龢，《日記》，卷二七，頁二七（一八八八）。

22 同上，卷二一，頁一b（一八六一）。

23 同上，卷十，頁八四a（一八七〇年十月二十九日），亦見同卷，頁四三b—五七a各處，有翁對此事的觀察與批評。

24 同上，卷三十，頁二七a（一八九一年六月十二日）。

25 同上，卷三八，頁二七b—四一b，散見各處（一九〇〇年六月八日—八月十九日）。一九〇四年俄國敗於日本，翁氏聞而欣喜。同上，卷四十，頁九二a（癸卯），頁二一b（甲辰）。

「鵝鴨雜遝而已」[26]。一八九一年，他以總理衙門大臣的身分，參與了李鴻章主持的對英法公使有關築路、開礦的談判，他再度吐露其對外人的惡感。他因外使的需索無度而憤恚不平，說他們「貪如狼，狠如虎，眞異類也」，認爲跟他們交往，不啻是與「犬彘爲徒，人生不幸」[27]。衆所週知，翁氏的排外態度不只是一種毫無實際作用的情緒，且曾將之付諸行動。比如說：他在甲午年鼓吹對日作戰[28]，激烈反對割讓臺灣。當他知道自己的主張無法實現時，甚至悲痛落淚[29]。

然而，翁氏並未一貫地維持此種敵對態度，在一八八〇年發生重要的轉變。中俄交涉那段困窘時期，翁氏支持恭親王而反對醇親王、徐桐等人的好戰態度。他說：「一戰卽和，貽誤更大。」[30]一八八三年，清廷正在爲越南問題所引起的中法爭議擬訂決策時，翁氏很明顯地採取了審愼的態度，他說：「言者皆稱：用兵越南，可以得志，抑何不量力耶！」[31]更明顯的例子是，

---

26 翁同龢，〈日記〉，卷二五，頁二b（一八八六年二月十一日）。不過，翁之所以不願入總署（同上，卷三四，頁六二b—頁六四b，一八九五年七月三十一日與八月六日）並非僅由於其排外心態。他可能覺得這個任命是恭親王故意要將他安排在一個常常要與列強交涉的令人氣憤的職位上。見，吳相湘，「翁同龢康有為關係考實」。

27 翁同龢〈日記〉，卷三五，頁一〇六b（一八九六年十二月二十九日）及卷三五，頁一一四a（一八九七年元月十八日）。

28 同上，卷三三，頁五八a（一八九四年七月十六月），頁九〇a（一八七四年九月二十七日）及頁一一七（一八九四年十一月二十四日）。

29 同上，卷三四，頁二五a、二六a、三〇a（一八七五年四月四、六月二十四日）。

30 同上，卷十九，頁五五a（一八八〇年八月二十三日）。

31 同上，卷二二，頁三九b（一八八三年五月十七日）。

一八九七年與德國公使談判山東事件時，當他獲悉德艦已進入膠州灣，立刻以光緒帝的名義下達兩道電文，命令山東巡撫不得先行挑釁，並訓令駐柏林的中國公使與德國政府交涉。次日，再度電令山東巡撫不得「輕言決戰，貽誤大局。」[32] 翁氏是執行此次妥協政策的主要（雖非唯一）人物，可由下列事實推斷出來：當時淸廷授權翁氏與德國駐北京公使談判，那一天李鴻章也在總理衙門，卻對此事毫無所知。翁氏談到他在張蔭桓的協助下，與德國公使所達成的協議時說：「此等語何忍出口，特欲弭巨禍，低顏俯就耳！」[33]

這兒，自然會發生一項問題：在一八八○年對俄交涉，一八九七年對德交涉之時，翁氏何以會改變他的排外態度呢？

一個簡單的解釋是：當翁氏與外人的接觸越密切，知道了更多外國事務後，在外交上，便能採取較「現實」的觀點。而且，當他自己負起參知大計的重任時，他才知道與列強交涉時太過急躁是不智的。不過，這種解釋雖有幾分道理，卻不够完整。它無法令人滿意地解釋何以一八八○年以後十數年間，翁氏會成爲「主戰派」，並促成了中日衝突的加速爆發；也不能說明一八九七年翁氏爲何處心積慮的要排除李鴻章。李鴻章是當時處理國際交涉最有經驗的人，是個以妥協手段來解決問題的老手，而在當時的局勢下，也可能是最有幫助的人。翁氏承認，他所致力達成的初步交涉結果後來遭到李鴻章的極力破壞。就此話看來，李鴻章是不知此事的，且因被排除在外

32 翁同龢，〈日記〉，卷三六，頁一○四，（一八九七年十一月十六—十七日）。

33 同上，卷三六，頁一一一b（一八九七年十二月四日）。

而深感不滿[34]。

我們自然會從當時充斥於北京官場，而爲翁氏所介入的黨派鬪爭及私人恩怨中，找尋進一步的解釋。一八八〇年他對俄國採取妥協政策或許是爲取悅恭親王；同時，也是爲擊敗他的政敵徐桐。我們沒有直接的證據來支持這個論斷，但是一般的情勢（詳見下文）卻有助於這個說法。一八九七年翁氏的行爲可確切地追溯到他與李鴻章的失和[35]。中日甲午戰爭使李鴻章成爲衆矢之的，飽受士大夫的譏評，若非慈禧太后力加保護，他的官運可能就此斷送。假若翁氏眞有雄心取代李鴻章成爲北京最有影響力的官僚，一八九五年後的幾年似乎是翁氏實現此一雄心的最佳機會。要排擠李鴻章，最佳途徑便是使他在應付外交事務方面不再是不可或缺的人物。因此，翁氏亟欲利用山東事件（一八九七年）來打擊李鴻章在外交方面的聲望。不幸的是，雖有比翁氏更了解外交事務的張蔭桓從旁協助，翁同龢還是弄得焦頭爛額，不可收拾，到最後，翁氏一手造成的外交殘局仍是由李鴻章出面了結，更使翁氏遺憾不已。

因此，雖然翁氏基本上是排外的，但他在外交上並未維持一貫的態度，而視情況改變立場。他依據私人的利害來下判斷，並未一貫的根據清廷的利益來作決策。換言之，他是個情緒型的愛國者，更是一個精於算計的政客。

翁氏對變法維新的態度大抵也是如此。類似的動機推動他的作爲，情勢的變化支配了他的思

34 同上，卷三六，頁一一三b—一一九a（一八九七年十二月八—二十日）。

35 甚至連一些外人都知道兩人的失和。例如，見：Mrs. A. Little, *Li Hung-chang*, p. 281。

想與態度，結果，他有時對變法極感興趣，有時卻又極力反對。是故，他不能明確地被歸爲「保守派」或「進步派」。

在某種意義上，翁氏是個保守派，他決心維護帝制的傳統價值，並堅決反對西化[36]。翁氏是中國源遠流長的士大夫傳統下的產物，自然不願改變中國文化與制度傳統。這可以說明爲何他在一八七五年以前一直不注意洋務[37]。即使那年以後，他仍然對一八六〇年代以來洋務派領袖所謂採行西法有利國家這個觀念不表贊同。直到一八八八年，他仍保持這種保守態度。正如他在那年除夕所記日記表明的：

> 今年五月地震，七月西山發蛟，十二月太和門火，皆天象示警。……況火輪馳鶩於昆湖，鐵軌縱橫於西苑，電鐙照耀於禁林，而津通開路之議，廷論譁然。朱邸之意漸回，北洋之議未改。歷觀時局，憂心忡忡，忝為大臣，能無愧恨[38]。

這種情緒與極端保守分子所持者並無軒輊。翁氏曾提及李鴻章主張修建天津——通州鐵路的「北洋之議」，並加以激烈反對。同樣地，張之洞主張鋪設蘆漢鐵路以取代李氏的津通路，亦遭翁氏

---

36 陳鍪，「戊戌政變時反變法人物之政治思想」〔燕京學報〕，第二十五期（一九四〇年），頁六四。又見：Teng and Fairbank, *China's Response to the West*, p. 176。

37 翁同龢，〔日記〕，卷十四，頁二八b，乙亥（一八七五）以及同卷頁二九a—三三a各處。其中有一條，翁摘引並評論丁日昌、左宗棠、李鴻章諸人所呈上的奏摺。

38 同上，卷二七，頁九三a（一八八八年）。

反對[39]。翁氏的論調與一八六〇年代至七〇年代的頑固派言論如出一轍，這些死硬派曾一再打擊曾國藩與李鴻章。

然而，奇怪的是，約莫同時，翁氏對洋務的態度卻又有了一百八十度的大轉變。一八八七年，曾國荃餽贈翁氏十六部有關「西學」的書籍（這些書是赫德 Robert Hart主持翻譯的）。這些書或許對翁氏的思想發生相當大的影響[40]。翁氏似乎很快地改變態度，轉而支持變法，並鼓勵年輕的光緒帝接受它。一八八九年，他寫下上引那段消極的文字後不久，又與孫家鼐二人以帝師的名份向光緒拜年的機會提出以下的重要建議，說：「聖賢之治，迹不盡同。」[41]。次日，翁氏

39 同上，卷二七，頁八八a（一八八八年）；卷二八，頁七a、頁八三b（一八八九年）。李鴻章的提議及其對翁的答覆部分可見於，李鴻章〈李文忠公全集〉，「海軍函稿」，卷三，頁九b、一〇b—三一b與「譯署函稿」，卷十九，頁二三b—二四a。張之洞反對津通線，提議築蘆漢踐。張之洞，〈張文襄公奏稿〉，卷十七，頁三a—九b。李與張的往來函件，見，李鴻章，「海軍函稿」，卷三，頁三一b—三三a，與張之洞，〈奏稿〉，卷十八，頁一a—四a。這些文件暴露了當時大臣相爭的一段插曲。

40 翁同龢，〈日記〉，卷二七，頁五九b。吳相湘考證翁轉向變法是在一八九四—五年之間，此時翁正與李提摩太關係密切。見，吳相湘「翁同龢康有為關係考實」，這可能忽略了早期馮桂芬對他的影響。

41 翁同龢，〈日記〉，卷二八，頁三a，（一八八九年二月五日）。孫家鼐同樣對變法感興趣，他一度很欣賞康有為。他跟翁一樣做了許多事以促進變法，比如說，他每日向皇帝進讀李提摩太譯的〈泰西新史攬要〉，並曾安排李氏與皇帝會面，而未果。見 T. Richard, *Forty-five Years in China*, p. 265, Bland and Backhouse, *China*, pp. 454-5. 但是，孫氏並不支持翁的對日主戰政策（一八九四年），並與李鴻章關係良好。*North China Herald*, LXVIII, 1824 (July, 23, 1902), P. 165。

進呈光緒一部馮桂芬的〔校邠廬抗議〕，這是本討論變法的文集[42]。約一個月後，翁氏又將此書呈獻慈禧，他在日記中寫道（一八八九年二月二十三日）：

蒙皇太后皇上同召見。……次及洋務，對此第一急務，上宜講求。臣前日所進馮桂芬〔抗議〕。正是此意。……次及鐵路，臣力言津通未宜開，……若（張之洞建議建一路於）腹地，則是牟利而已，何遠圖之有[43]？

同年冬，翁又在日記中提到馮桂芬的〔抗議〕：

看〔抗議〕，昨言此書最切時事，可擇數篇另為一帙，今日上挑六篇裝為一冊題籤交看，足徵留意講求，可喜[44]！

如衆所知，〔抗議〕一書是由戊戌以前傑出的變法思想家馮桂芬在一八六〇年左右寫成。馮氏除鼓吹大規模的行政改革（特別是賦稅與經濟改革）和科舉制度的變革外，強調採行所謂「西學」，製作「洋器」，並學習應付「外夷」的知識與技巧。但是，馮氏亦斷然表示，「西學

42 翁同龢，〔日記〕，卷二八，頁三b，（一八八九年二月六日）。
43 同上，卷二八，頁七。
44 同上，卷二八，頁九一b。

只作輔助之用，不能取代「中國之倫常名教」，後者仍爲帝國重振的基石[45]。馮氏此書被譽爲是討論變法最適當的著作[46]；有些人認爲[47]，戊戌以前三十年之書實際上已播下後日變法的種子，翁同龢進呈此書，無疑是將其認係正當的變法思想灌輸給光緒帝的第一步。因此，在一八八九年，翁氏已不再是徐桐、許應騤一輩的保守人物了。

在極力推薦〈抗議〉一書給光緒的同時，翁氏卻又極力反對李鴻章與張之洞的鐵路計劃。這看起來似乎很奇怪，因爲李、張的計畫確實合乎現代化的需要且與馮桂芬的觀點相近。我們若想到，翁氏反對鐵路的立論與〈抗議〉的內容及精神背道而馳時，則翁的作法更是難以索解。這一點或許可從翁氏與李、張之間長期的個人恩怨中求得解答。極可能正如一八九七年翁氏想自李氏手中取得主持外交事務之大權一般，他在一八八九年的作爲，目的在打擊李、張二人，企圖從他們的手中取得現代化運動的領導權。

---

45 馮桂芬在李鴻章的幕僚多年，李對其博學多識印象極深，曾在奏章中保薦他。李鴻章，〈全集〉，〈奏稿〉，卷九，頁二四。此奏章日期為同治四年（一八六五年）。馮在一八六〇年代早期寫成〈校邠盧抗議〉，共收集四十篇論變法的文章，但起先只謹慎的出版了其中的十四篇，到一八八四年全書才由陳寶箴在江西出版。本書的主旨，見Teng and Fairbank, *China's Response*, 50-51; So Kwan-wai. "Western Influence and the Chinese Reform Movement of 1898," doctoral dissertation, University of Wisconsin, 1950, p.p. 132-9; 以及蕭公權，〈中國政治思想史〉，頁七八一—六。

46 例如，李棠階（一七九八—一八六五），〈李文清公日記〉，卷十六，同治四年，陰曆五月二十日記云：「閱馮君桂芬抗議三十餘篇，多可采」。同上，二十五日：「閱馮君抗議，雖不盡可行，而（亦足見作者）留心時事，講求實用」。

47 〈湘學報〉，第一號（一八九七年四月二十二日），「史事」，頁一。

事實上，此後幾年翁氏的所作所爲，適可說明他繼續扮演着兩面派的角色。一方面他推動並支持自己的改革計畫，另一方面卻又打擊其政敵所支持的計畫。一八八九年至一八九八年初之間，翁氏逐漸傾向變法維新[48]。除了曾國荃在一八八七年送的十六部書與馮桂芬的〔抗議〕（還有其他一些書籍，下文即將敍及）等書在思想上帶給他的影響外，甲午戰爭的失敗更使他深信中國唯有及時變法才能救亡圖存。一八九五年，他徹底改變了他對鐵路建設的看法，他與恭王及其他人一樣贊同鐵路、洋操，爲八旗設立武備學堂等等措施[49]。他欣然接受同文館管理的職務，並決心要使之成爲一個昌盛而有效能的機構[50]。他對變法的積極態度漸漸爲人所知，連在地方上積極從事現代化工作的張之洞也承認翁氏是個變法的推動者。張氏在一八九五年十月致函翁氏云：

我公……慨然以修攘大猷，提倡海內。內運務本之謀，外施改弦之法，凡有指揮所及，敬當實力奉行[51]。

---

48 早在一八八九年以前，翁即對西方科技的便利感到讚賞。比如說，一八七七年當他扶父親（曾任大學士）靈柩歸葬時，曾搭乘輪船，並對其驚人的速度有所評論。後來他又搭輪船返京師。見，〔日記〕，卷十六，頁五三b、八四a。一八八九年又搭輪船的頭等艙，〔日記〕，卷二八，頁五六a。一八九八年翁氏首次搭火車，云「平生奇遊矣。」〔日記〕，卷三七，頁六四b。一八八七年可能是他第一次拍照，〔日記〕，卷二六，頁三九b。

49 同上，卷三四，頁一一〇。

50 同上，卷三四，頁七〇a、七一b。

51 張之洞，「函稿」，卷四，頁二a，「致翁叔平尚書」，光緒二十一年九月初三。張曾為兩廣總督（一八八四—九）、湖廣總督（一八八九—九四）署理兩江總督（一八九四），在這些年間，他提議並推動了許多與「自強」運動路線相聯的實業。見〔奏稿〕，特別是卷十七—三九。

這段話自然不免有中國官場中習見對同僚或上司口頭的溢美之詞。不過，吾人當可確定，張之洞不可能讚美翁氏未曾做過的事。當時的其他人也足可印證張氏對翁氏的態度。例如，消息靈通的費行簡便曾證實翁氏在推動變法上扮演積極的角色[52]。而與翁氏私談多次的李提摩太（Richard Trmothy）也說翁氏完全同情「變法派」[53]。

在一八八九年至一八九五年，翁氏迅速走向變法之途的同時，仍然繼續阻撓李鴻章與張之洞的努力。這兩個人憑其聲望與知識，可能會威脅到翁氏在變法運動中的領導地位，張之洞此時比李鴻章還積極推動現代化，他似乎最受翁的注意。在一本號稱是張氏弟子所寫，實際上卻出自張氏手筆的小書中，張氏說道：

> 己丑、庚寅間，大樞某、大司農某，立意為難，事事詰責，不問事理。大抵粵省政事，無不翻駁者，奏咨字句無不吹求者[54]。

文中所謂「戶部某尚書」，除翁氏外，別無其人，因為自一八八六年以來，翁氏一直擔任此項職務，長達十二年。一八八九至九〇年，張氏在廣東倡議並進行多項現代化事業，包括兵工廠、煉鐵廠、紡織廠、鑄幣廠及一所船政學堂[55]。這兩年也正是翁氏熱切地將馮桂芬的思想灌輸給光

---

52 費行簡，〈慈禧傳信錄〉，收入翦伯贊等編，〈戊戌變法〉（中國近代史資料叢刊第八種），冊一，頁四六三。

53 T. Richard, *Forty-five Years*, p. 255　當清廷對強學會採取行動時，翁曾對強學會表示同情。〈日記〉，卷三四，頁一一二b、一一四b。

54 〈抱冰堂弟子記〉（收張之洞，〈全集〉），頁二八。

55 張之洞，〈奏稿〉，卷十七與十八。翁的反應，見〈日記〉，卷三七，頁三八a—四六a。

緒帝的時候。對照上引張氏信札與其書中所言，其異實在非常顯明。

或許有人會辯稱，張之洞那封信寫於一八九五年，而當時翁氏對變法的態度已比一八九〇年時積極；因此，翁氏對張氏的態度可以從翁氏個人思想信念上的轉變來做解釋。然而，有些理由卻令人懷疑，在這幾年中，翁氏是否始終致力於打擊張之洞，甚至直到一八九七年，還是如此?事實上，由於兩人間的敵對日趨尖銳，以致翁氏的政敵都爭取張氏的幫助，來抵制翁氏支持的改革運動。在張之洞的生涯裏，有一段奇異的事情值得一提。一八九四年秋，張氏出任湖廣總督的五年後（這段期間張氏推動的現代化事業遠比他在兩廣時多得多）[56]，受命移節南京署理兩江總督，以便處理甲午戰爭形成的新形勢。張氏除了完成這個使命外，更以極快的速度在此地區推動類似的現代化計畫；在戰事結束後，他進一步擴展計畫，許多措施與馮桂芬的建議相脗合[57]。但是，張氏在南京任職不久，原任總督劉坤一一度再受命回任兩江。一八九七年，張氏返湖廣，繼續推動現代化工作[58]。一八九八年春發生了一件奇怪的事情。此年張氏奉詔入覲，以備諮詢。當他到達上海，準備轉往北京時，卻又奉詔返回武昌處理湖北沙市發生的一樁排外案件[59]。沙市

56 張之洞，〈奏稿〉，卷二五—二七。

57 同上，卷二六，頁三五a—三七b，卷二七，頁一八a—一九a。

58 同上，卷二九。

59 同上，卷三十，頁一，光緒二十四年四月十六日的奏摺。又見，〈德宗景皇帝實錄〉，卷四二〇，頁一七a，光緒二十四年五月二十七日上諭。

事件很快便告解決[60]，但覲見一事卻不了了之。

與張氏同時的蘇繼祖對清廷這種奇怪的做法提出了一個解釋，他說：

> 南皮張制軍，久矣簡在帝心，自甲午權署兩江，更信重之，欲召入輔政，為翁相國、孫萊山尚書所阻[61]。……
>
> 今春上既決意革故圖新，乃召張公來京，輔翊新政，守舊大臣，恐張異己，百計阻尼，得借沙市教案，令回兩湖本任[62]。

這個解釋有兩點可注意：其一，一八九四至九八年間，翁同龢極力阻止張之洞內召；其次，一八九八年「守舊大臣」再度破壞了張氏晉京的機會。這兩點與實際情形相去不遠。

關於這件事，翁氏的說法截然不同。他的日記中有八條與此事相關，第一條出現於光緒二十四年閏三月初二日，文曰：

> 電旨二，一答粵督鐵路不能緩辦。一令湖督來京陛見，從徐桐請也，蓋慈覽後，聖意如此[63]。

60 張之洞，〔奏稿〕，卷三十，頁一五b—一九a，光緒二十四年六月二十四日奏摺。

61 曾為兵部尚書的孫毓汶親近李鴻章並支持馬關條約的批准。〔清史稿〕，「列傳」及 Hummel, Eminent Chinese, Vol. 2, p. 685.

62 蘇繼祖，〔戊戌朝變記聞〕，見翦伯贊等，〔戊戌變法〕，冊一，頁三三四。蘇氏推測說，張氏若涉足北京官場的話，他的改革活動可能會受傷害。

63 翁同龢，〔日記〕，卷三七，頁三八a。

衆所週知，徐桐是個大頑固派，爲當時「北派」的領袖之一，也是翁氏的政敵[64]。九天以後，翁氏又記了一條日記，値得注意：

> 電一，張之洞奏十餘日方能就道，並請宣示面詢何事[65]。

其他六條都很簡短的提及中央與地方官吏有關沙市教案的往來電文，長江沿岸的不穩以及張氏返回武昌等事[66]。

因此，根據翁氏的說法，提議召見張之洞的是徐桐，而且得到慈禧太后的同意，翁氏此說的眞實性，似乎無庸置疑。因爲我們確實很難找出翁氏有什麼動機會把徐桐未曾提議的事，歸到徐氏名下。何況，翁氏對此事必然所知甚詳。

問題在於，像徐桐這麼一個厭惡革新、不齒「西學」[67]的人，爲何提議召張之洞晉京？

近日有位學者認爲，徐桐的目的在援引翁的主要敵手入京，以打擊翁氏[68]。這似乎是很正確的推論，但並未解釋爲什麼選上了張之洞。從目前我們對當時局勢的了解，大可作下列推測：徐氏之所以選擇張之洞這個衆所週知的溫和改良派領袖，乃是因徐氏認爲，要抵制翁氏對光緒的影

---

64 〈清史稿〉，「列傳」，卷二五二，頁一a—二a，以及 Hummel, *Eminent Chinese*, Vol. 1, p. 407.

65 翁同龢，〈日記〉，卷三七，頁四一a。

66 同上，卷三七，頁四二b，四五a、四五b、四六a。

67 〈清史稿〉「列傳」，卷二五二，頁一a—二a。

68 吳湘相，「翁同龢康有為關係考實」。

響，以便把變法運動導向一條與翁氏所推動者不同的路徑，張之洞或許是最佳人選。把張氏召到光緒身邊，張氏便有機會成爲光緒的左右手來推動改革，同時取代翁同龢與康有爲。

我們知道，大抵上是由於翁同龢的推薦（詳見下文），康氏才獲得光緒的信任，並勸服光緒採行維新變法的計畫——此項計劃大大地震動了反對「改變祖宗家法」的人士。那些想要阻止此一發展的人有兩條路可走：有一些人直接反對變法維新；另一些人則設法使其轉向，代之以一種較溫和的改革、從他們的觀點看來就比較不致遭到反對。徐桐或許認爲第二條路在策略上較爲有利。當時，張之洞已斷絕了他與康氏爲時甚短的密切關係，事實上，他的〈勸學篇〉主要是爲了批駁康氏的變法論而作，並提出自己的溫和改良論。張氏強調中國倫理傳統的優越性，並一再指出「西學」只補「中學」之不足，而不能改變「中學」[69]。因此，對那些死硬派來說，張的改良論比起康有爲的變法論較爲無害。這可能是徐桐選擇張之洞的原因之一。李鴻章這位自強運動的老將當然很有資格來指導光緒帝從事有限度的改革；然而，不幸的是，一八九五年以來，李氏正值失寵，而張氏卻沒有這個「汚點」（事實上，張氏曾對李氏在一八九五年的表現大加韃伐）。

是故，這樁「覲見不遂」似乎是兩種勢力鬪爭的結果：翁氏及其政敵之間的恩怨以及兩派對變法改革持有不同看法的官僚間的衝突。張氏曾令其屬下探詢此事眞相。這表示張氏對淸廷所採的行動是小心翼翼的。衆所週知，任何重要大臣一向都會在北京安置心腹，幫忙打聽宮廷的作爲

69 徐世昌，〈淸儒學案〉，卷一八七各處，概述了張氏的觀點。

與密謀。張氏無疑地也曾安排了這類人物。他可能多少覺察到他被召見的政治內幕。他或許不反對打倒康、翁諸人；但是，無疑地，他認爲要介入北京這一幕黨爭必須小心翼翼，特別是那些實際上是他的政敵的極端保守分子在「暗中操縱」之時。張氏一方面不得不服從詔旨，但另一方面也在等待時機，故意延宕了兩個禮拜的行程。沙市教案給予那些不願張氏入京的人一個藉口，命他延緩行程。卽使翁氏事實上並未利用這個藉口，他也願見其延緩，蘇繼祖前述的說法與翁氏自己不相同的解釋畢竟並不矛盾。而且，事實上正可由後者得到印證。特別是我們要考慮到就其一再反對張氏的現代化計畫而言，翁氏正是「守舊大臣」之一。

有些人把張之洞當做是抵制翁氏對光緒帝影響力的有力人物，這個假定可自其他反變法官僚的作法中取得間接的證明。在召見張之洞的詔令下達的次日，安徽布政使于蔭霖上了一封「時務疏」，稱薦徐桐、張之洞、陳寶箴等人爲「公正大臣」，謂國事可賴彼等拯救；同時，于氏又以強烈的語氣彈劾李鴻章、翁同龢與張蔭桓等人，指控他們把國家帶到危亡的邊緣[70]。有趣的是，于氏在前半段居然把一個頑固派與兩個熱心推動現代化運動的名人相提並論。于氏的行動或許並未受徐桐的指使，但他們的做法卻有共同的目標，卽是要使張之洞在清廷居於有利地位。

70 翁同龢，〈日記〉，卷三七，頁四〇a（光緒二十四年閏三月初八）。翁記下此摺的大旨。由於此摺「留中」，故並未歸檔。于蔭霖是一八九五年進士，從倭仁學，倭仁乃程朱派領袖，也是個極端保守分子。于氏後晉為鄂撫，經常反對張之洞的新政，他以為中國急需者為「正人心」，茍從夷法，情況只會更糟。〈清史稿〉，「列傳」，卷二三五，頁六a—七a。于氏對時務的無知，可從他的〈悚齋日記〉一九〇一年所記的一條看出。他指出：人們常會誇大外國事物，而大家認為已達富強境地的德國與義大利可能是同一國而非兩個國家。

因此，翁氏的兩面做法——一方面贊助他所領導的改革，另一方面壓抑其政敵所推動的現代化運動——似乎並未一直使他在政治上得到利益。這使得許多改革派及所有的保守派都不歡迎他。

翁同龢在變法一事上態度的搖擺不定，引起張之洞的西文幕僚辜鴻銘的議論，他指出，面臨危機之際，「頑固的保守派」（翁氏被視作此派代表）「絕望之餘，會與極端的激進派（指康有爲及其徒衆）攜手合作。」[71]，辜氏是個偏見強烈，言語刻薄的人，下筆常過分誇張，上述言論不免有誇張而過於單純化的毛病。但他卻指出，翁同龢這個職業政客在個人的觀點和態度上往往顧慮甚周，而不能保持前後一貫的立場。這是翁氏個性上的一面，若要正確解釋翁氏的行爲，這點自然不能忽略。不過，爲了補充辜氏的說法，我們必須指出，翁氏雖然熱烈地想達成個人的政治野心，卻也是誠摯地希望爲國謀利。這種複雜的動機，使他變成善於調整觀點的人，隨時都可爲着時勢的變化而放棄自己的信念。有時候，他表現爲一個愛國者，關心清廷日趨衰亡的惡運，全心全意要保衞這個帝國及其所維繫的傳統價值與制度。十九世紀最末十年，中國對外遭遇的挫敗與屈辱使翁氏痛感政治革新的迫切需要。他拋棄了早年的自滿與「保守主義」，轉而敎導年輕的光緒帝準備從事他認爲必要的改革。然而，有時他卻又是個十足的「政客」，一心一意想在宦途上追求個人的成就。他贊同變法，因爲他認爲這樣做，自己有希望成爲同僚中無可置疑的領袖人物，不致受敵手的攻擊。因此，他一再阻撓李鴻章、張之洞等對他所領導的變法構成強烈

[71] Ku Hung-ming, *Papers from a Viceroy's Yamen*. pp. 12–13。

挑戰的人所推動的現代化努力。他並不爭取他們的合作與援助，而企圖發展自己的變法運動，培養自己的助手與同志。爲了使北京成爲變法運動的唯一中心，他反對封疆大吏在地方上推動的現代化事業，雖然他們推行得很有力，並已有明顯的成效。因爲翁氏認爲他個人的利益與中央政府的利益是一貫的，所以他無法容忍任何地方上的發展，即使這些地方事業在整個方向上與他自己的改革相契合也不例外[72]。愛國的情操與個人的野心因而合流，促使翁氏做出如一八九五－一八九八年間的表現。我們若把他歸於「保守派」或「進步派」都將會忽視其個人動機與政治環境上的具體實情。

[72] Ho, "Weng Tung-ho and One Hundred Days of Reform".

第二章　翁同龢與時人的淵源及關係

帝制時代的官場，在彬彬有禮的外表下面，無論北京或各省的權臣大吏之間都充斥着半公開的私人恩怨、派系鬬爭、執拗的朋黨關係和搖擺不定的忠誠信念。在私人關係與朋黨關係內，仍有其道德信念與政治原則。但是，這些信念與原則往往混雜着個人私利的考慮，或者竟爲個人私利所犧牲。特別是在個人政治生命或利害瀕於危險時，表面上的友誼可能掩藏着極深的敵意，而一個堂皇的目的可用來當做難爲或毁滅敵手的有利口實，完全不顧其人的個人功業或對國家的貢獻。很少人能倖免於這種情勢，其原因非常簡單，一個人若想在政治舞台上獲得成功，不能不學習並遵循一些陳例舊規。

如上所述，翁同龢企圖阻撓李鴻章和張之洞正說明了盛行於十九世紀末期的一般情況。不過，翁氏並非此時代最狂妄的政客，他的同時人及前輩對待政敵的手段卽令不比翁氏可鄙，也差不了多少。舉例來說：據說祁寯藻曾成功地中傷曾國藩，使得曾氏在討伐太平軍時，有好多年施展不開。此後，在一八六〇年代，另一個大官也如此對待曾氏，使他無法積極盡力於戰後的復員工作[1]。在翁氏當時，李鴻章、張之洞、李鴻藻和其他大官之間的勾心鬭角，更是聲名狼藉。舉例來說：一八七〇年代，張之洞與李鴻章聲氣相通，劉坤一批評李鴻章，張氏便與其他人指責劉氏。然而，在一八八四年，張之洞的政治同盟變動了，他加入其他陣營，指責李鴻章的外交政策[2]。中法越南戰爭時，李鴻藻的政敵利用外交危機參劾他，結果李鴻藻被排出軍機處。根據某些資料，慈禧太后也加入此次鬭爭，藉機把失寵的恭親王排除[3]。另一個更惡劣的例子發生在一八九四年。這次李鴻章也被捲入。當時，一向極受李鴻章與翁同龢推重的文廷式加入翁氏領導的「主戰派」，指責李氏對日態度過於「畏葸」。此舉自然激怒了李鴻章，在朋友的勸導下，文廷式離開了北京[4]。李鴻章的親戚，上海道劉麒祥在官署中款待文廷式，用計取得文廷式密奏光緒的手稿，謄錄一份寄給李鴻章，李氏迅卽轉呈慈禧太后。同時，李鴻章又唆使御史楊崇伊參劾

---

1 薛福成，〔庸盦文續編〕，卷下，頁五a—b，六a（著於一八八七年），薛氏並沒指名這些大學士是何人，但可以確定是祁寯藻與彭蘊章。見 Hummel, *Eminent Chinese*, Vol. I, p. 125 and Vol. II, p. 620.

2 李慈銘，〔荀學齋日記〕，乙集上，頁四七b，四八a—b、四九，（光緒十年五月二十一—二十三日）。

3 李劍農，〔中國近百年政治史〕，頁一五二。

4 此人為盛昱（一八五〇—一九〇〇），盛昱與張之洞的關係也很好。Hummel, *Eminent Chinese*, Vol. II, pp. 648-9.

文廷式，因此，很快的造成文氏的罷黜[5]。

這就是翁同龢從事活動時，官場的一般習氣。事實上，翁氏所作所爲也就是受到這種風氣的薰陶。翁同龢是根深柢固的儒家傳統培養出來的人物，自然具有一般士大夫所具的基本道德信條。但是，由於他是個精明且具雄心的「政治人物」，他並非不顧政治的現實而嚴守「正道」。爲了趨利避害，他隨時隨情勢調整看法和態度。正如他的同事們一樣，他把自己的最高利益和清廷的利益連在一起，在這種意義上，他是忠於清廷的。然而，一旦實際情況需要，他也會毫不遲疑地更易個人的友誼關係或改變個人的忠誠。他是根據功利的考慮而非眞正的感情來維繫人際關係的。正如一位史家所指出的：「翁好延攬，而必求爲己用。廣結納，而不能容異己[6]。」這些因素綜合起來使翁氏成爲一個心術複雜、信念不堅、人際關係搖擺不定的人。

簡略探討他與時人的關係，可以證實上述的觀察。翁氏很願意對與其利益不相衝突的前輩士大夫表示尊意。倭仁和文祥是最明顯的實例。翁氏早年醉心陸王學派，但在一八七六年左右轉而崇奉朱子學[7]。這可能是受到倭仁的影響。倭仁是個忠實護衞「正統」理學的人，也是資深的帝

---

5 胡思敬，〔戊戌履霜錄〕，見翦伯贊，〔戊戌變法〕，冊四，頁八三—八四。此事件的大要亦見，Hummel, *Eminent Chinese*, Vol. II, p. 855.

6 金梁，〔四朝佚聞〕，頁二一b。

7 〔日記〕，頁二六a、二七a、五二a、七三a、七五a。

師，翁曾與他同事多年[8]，也很尊敬他[9]。翁氏對文祥的評價很高，並可能深受其堅決的對外態度所影響，因此在一八七〇年代之前，他也一直採取着同樣的立場[10]。同時，翁也很仰慕一八六〇年代對「自強運動」有貢獻的某些大吏。比如說，他便很欽佩林則徐，一八七八年翁氏讀林氏的全集，發覺到林氏「何其偉也」[11]。一八八五年，翁氏聽到左宗棠逝世福州的消息，深覺惋惜。一八八一年左宗棠入值軍機處，翁氏與他有過多次密切的接觸[12]。

然而，翁並不如此尊崇曾國藩，在日記中甚少提到他。一八七二年，他接到曾氏逝世於南京的消息，他只記道：「大學士曾國藩卒於兩江。」[13]甚至未循一般人以「字」相稱以表尊敬的習慣。這與他記載林則徐的逝世那種尊崇的態度，簡直不可同日而語。另一次提到曾氏是在十五年（一八八七年）以後，他讀曾氏日記而未加評論[14]。林則徐（一七八五—一八五〇）、倭仁（一八七一年逝世）、曾國藩（一八一一—一八七二）、左宗棠（一八一二—一八八五）與文祥（一

8 倭仁在一八六二年被命為穆宗帝師；翁氏則是在一八六五年 Hummel, op. cit., Vol.I, p. 258, Vol.II, p. 862.

9 翁同龢，〈日記〉，卷十一，頁三九a（同治十年四月二十一日）。

10 同上，卷九，頁六四b（同治八年九月二十日）；Hummel op. cit., Vol. 2, pp, 833-5 有文祥的傳略。

11 翁同龢，〈日記〉卷十七，頁五四b（光緒四年八月二十九日）。較早以前（一八七六年），翁氏讀林氏有關在首善之區開墾荒地、改進水利措施的建議，對其印象極深。同上，卷十五，頁一九b（光緒二年二月二十九日）。

12 同上，卷二十，頁一四b—五八a（光緒七年二月四日至五月十日）；同上，卷二四，頁五a（光緒十一年七月二十八日）。

13 同上，卷十二，頁六a（同治十一年二月十三日）。

14 同上，卷二六，頁三七a（光緒十三年四月初七）。

八一八—一八七六）這些人在年齡與宦途上，都是翁的前輩（翁生於一八三〇年）。翁氏之所以不願給曾國藩與其他人同等的地位，可能有兩個原因：其一是個人的恩怨，他的長兄翁同書曾在剿太平軍之役中揚名，卻因曾國藩的彈劾而罷官，謫放伊犂[15]。其二是由於意見的衝突。如前所述，在處理一八七〇年的天津教案時，翁氏堅決反對曾國藩對外人的妥協態度。但我們也不能確定，這種反對不是基於翁氏對這位政壇元老的私人嫉恨。

因此，翁氏對人的評價似未能保持公正的標準。我們若檢視他與當時人士的關係也會得到相同的印象。他跟李鴻藻的關係可能是最顯著的實例。李鴻藻是當時所謂「北派」的領袖之一[16]，因而也是翁的主要政敵之一。表面上，翁氏與李氏保持着懇摯甚至親密的關係，經常拜訪他，長談終夜[17]。一八九七年，李氏逝世，翁氏十分哀悼，輓之為「正人」[18]。翁氏居然會跟一位派系敵對而且常在重要大事上意見相反的人交友，似乎十分奇怪。最可能的解釋是因李氏在北京官場上有很大的影響力。這是他與恭親王聯手的結果。直到一八八〇年代早期，李氏因反對醇親王而激怒慈禧，這種影響力才逐漸減低。不過，一八八五年，李氏重獲慈禧的青睞[19]。顯然，李氏的

15 翁同書傳略見 Hummel, op. cit., Vol. 2, p. 859.

16 Bland and Backhouse, *China*, p. 180; H. B. Morse, *International Relations*, Vol. 3, p. 133.

17 翁同龢，〔日記〕，卷六，頁五二a—六七b；卷十，頁二九b—三六a；卷十八，頁三b等等。

18 同上，卷三六，頁五六a、五七b。

19 〔清史稿〕，「列傳」，卷二二三，頁一b—二b Hummel, op. cit., Vol. 1, pp. 471-472.

重獲青睞對任何具有雄心的官僚都是極有用的。翁氏曾提及李氏給他的幫助。在一八八〇年代，翁同龢與徐桐同爲同治帝師*，兩人對皇帝的教育方式，數度發生衝突，翁氏都曾獲李氏的大力支持，因而得到了決定性的勝利[20]。

翁氏與榮祿的關係也值得注意。榮氏是戊戌政變的要角，自一八七六年以來，與翁氏一直維持着密切的關係。當時，翁、榮二人同任戶部侍郎[21]，常有密切的私人來往。例如，一八七九年，翁氏聽到榮祿被罷，便立卽前往造訪[22]。有好幾次，他毫不遲疑地接受了榮祿的禮物；然而，他卻常常拒絕那些交誼較疏之友人所贈的禮物[23]。但是，這種表面上看來親密的關係維持得並不長久，第一次明顯的不和發生在一八九八年，當時翁氏罷官離京，臨行前拒絕了榮祿所送的禮物[24]。一九〇三年榮祿去世時，翁氏對這位昔日舊友表示了如下的不滿：

*譯註：一八八〇年代，值光緒（清德宗）在位（一八七五—一九〇八），原文作同治皇帝（清穆宗一八六二—一八七四）疑誤。

20 李鴻藻爲直隸高陽人。翁同龢，「日記」，卷十，頁二九b（同治九年四月初四）；又見同卷，頁三二b，三四a、三六a，這些帝師是倭仁、寶鋆、徐桐、李鴻藻、翁同龢。翁那時是協辦軍機大臣，而比其他人的官階都低。

21 同上，卷十五。

22 同上，卷十七，頁八一a（光緒四年十二月二十七日）；Bland and Backhouse, *China*, p. 159. 其中提到，翁氏曾批評榮祿與慈禧的親密關係，這個說法是可疑的。比照 Hummel, *Eminent Chinese*, Vol. 1, p. 405.

23 翁同龢「日記」，卷十五，頁一〇九a，卷二六，頁四二a，卷三六，頁三七b，翁氏指出，恭王與榮祿都送給他一柄如意，以爲翁榮任協辦大學士表達賀意（一八九七年）。

24 同上，卷三七，頁六一b（光緒二十四年五月初二日）及頁六二a（光緒二十四年五月初三日）。

報傳榮仲華：：長逝，為之於邑，吾故人也，原壤登木，聖人不絕，其生平可不論矣[25]。

有些人認爲，翁在一八九八的突遭罷黜，榮祿要負主要的責任[26]。這件事情，後文仍將論及。要之，筆者以爲，翁氏改變對榮祿的態度，其原因尙難確定。同樣的，我們也很難確定他們舊日友誼的眞正基礎是在何處，或許可以假定他們的關係自始就是一種政治權宜的結合，而非建立在共同的情感與了解的同志感上面。

翁同龢與在各方面參贊「自強運動」或精通洋務之人的關係，足可爲了解翁氏性格提供另一線索。翁氏對倭仁與李鴻藻這兩個大保守派的尊崇與推重，並未阻止他與其他信念迥異、經歷不同的人保持友誼。在此應提及幾個著名的人物。

郭嵩燾可能是首先引起翁氏對變法維新發生興趣的人[27]。郭氏在一八七六年末出使英國之前，曾與翁氏數度晤談，並提出他的改革主張，表示他「欲徧天下皆開煤鐵，又欲中國皆鐵路」，並將自己著作的〈瀛海論〉送給翁氏。翁氏對郭氏的觀點大致表示贊同，並明顯的與郭氏維持非常友好的關係[28]。

25 同上，卷四十，頁一九a（光緒二十九年三月十六日）。引文所云原壤登木之事，見〈禮記〉「檀弓下」（嘉慶十二年南昌刻本），卷十，頁二七a—b。

26 費行簡，前引書，見翦伯贊，〈戊戌變法〉，冊一，頁六四—五。

27 郭嵩燾（一八一八—一八九一），見〈清史稿〉，「列傳」，卷二三三，頁一a—二b，王先謙，〈虛受堂文集〉，卷九，頁一五a—一八a；Hummel, op. cit., Vol. 1, pp. 438-9.

28 翁同龢，〈日記〉，卷十五，丙子，頁五a、八六a、八六b、八七a。

翁氏雖對曾國藩的態度冷淡，但卻很欣賞曾國藩之弟國荃的能力。曾國荃因討伐太平軍而嶄露頭角，他在一八七五年因病告假時，翁氏曾與他深談，對他評論政事的「深識」與「定見」，深爲佩服。九年以後，曾氏被召返北京，署理禮部尚書，翁氏再度與他往來。翁氏對他深懷好感，一八九〇年曾國荃逝世，翁氏認爲對「東南全局」將有影響[29]。翁氏與曾國藩之子曾紀澤間更保持着極密切的關係，兩人在一八七〇年首度會晤。翁氏注意到曾紀澤的「不羣」（突出）[30]。多年以後（一八八八年）曾氏贈送翁氏十六部討論「西學」的書籍，如前所述，這些書對翁氏改革思想的形成可能有所幫助[31]。翁氏得到這批書的六個月後，與孫家鼐兩人共同介紹改革思想給光緒皇帝[32]。

丁日昌雖然與李鴻章關係密切，但翁氏對丁也極感興趣[33]。一八七五年春，翁氏與丁氏曾數度「深談」，此時，丁氏正被召往天津協助李鴻章跟日本、秘魯談判[34]。翁氏對丁日昌這個在當

29 同上，卷十四，頁三五b（光緒元年二月二十九日），卷二三，頁七b，一一a（光緒十年元月十九日與二十五日），卷二九，頁七九a（光緒十六年十月三日）。
30 同上，卷十，頁四〇（同治九年五月十二日）。曾紀澤，見〔清史稿〕，「列傳」，卷二三三，頁三b—五a；Hummel, op. cit., Vol. 2, pp. 747–8.
31 翁同龢，〔日記〕，卷二七，頁六〇a（光緒十四年七月二十九日）。
32 同上，卷二七，頁五九b。
33 丁日昌（一八二三—一八八二）；Hummel, op. cit., Vol. 2, pp. 271–2.
34 翁同龢，〔日記〕，（光緒十四年三月二十六日至五月二十五日）。

時以通曉洋務而成名的年輕官吏，評價很高。這可從下面這件事推斷出來：一八七七年一度謠傳丁氏去世，翁氏聞之深感悲痛；後來，他知道這個消息全係誤傳後，又極爲興奮。一八八二年翁氏聽到丁氏去世，也表現出相同的悲痛之情[35]。翁氏與馬建忠也保持着友好關係。馬建忠是李鴻章資送法國留學的學生，曾著有多篇議論改革的文章[36]。一八九七年夏，翁氏與馬氏會晤，除在日記中讚美馬氏是個「儁才」之外，並提到當時一些精通「西法」的人物（包括嚴復與陳熾）[37]。

到一八九七年時，翁已積極地從事推動變法。自然，他在重要的工作上要徵求一些適當的人選來協助他。因此，在一八九八年的前幾年，翁結交了許多青年才俊。除了上面提及的人物，還包括：宋育仁，翰林院編修，曾任駐英、法使館參贊[38]；湯震（湯壽潛），曾任知縣，一八九〇年著有〔危言〕一書[39]；譚嗣同，戊戌六君子之一[40]；彭光譽，候補道臺，曾隨張蔭桓

---

35 同上，卷十六，頁六四、九〇b，卷二一，頁二一〇。

36 同上，卷三六，頁四八b（光緒二十三年六月二日）。馬建忠著有〔適可齋記言〕四卷、〔適可齋記行〕六卷（一八九六年出版），傳略見：Hummel, op. cit., Vol. 2, p. 950.

37 翁同龢，〔日記〕，卷三六，頁四八b（光緒二十三年六月初二日）。

38 同上，卷三三，頁九a（光緒二十年元月二十日）翁指出宋氏送給他一篇「時務論」。宋育仁著有〔泰西各國采風記〕（小方壺齋輿地叢鈔補編本）。

39 同上，卷三四，頁一六a（光緒二十一年二月十二日）。湯震著〔危言〕二卷（一八九〇年）。

40 同上，卷三五，頁三七b—三八a（光緒二十二年四月二十三）日。譚嗣同著有〔仁學〕一書。Hummel, op. cit., Vol.2 pp. 702-5.

出使美國八年[41]；羅豐祿，曾任道臺，追隨李鴻章參預各種外交任務[42]；黃遵憲，曾任道臺及駐新加坡總領事，著有〔日本國志〕[43]。翁與這些人的私人友誼是在一八九五至九七年間建立的。在這九年間，翁氏也結識了一些他認爲友善而值得信賴的洋人，特別是赫德 (Robert Hart) 與李提摩太[44]。

41 翁同龢，〔日記〕，卷三五，頁八七b，九六a（光緒二十二年九月二十日與十月十五日）。彭光譽的名氣鮮為人知，著有〔說教〕一書。

42 同上，卷三五，頁八八a。翁對羅豐祿的評語是：「人甚聰明。」

43 同上，卷三五，頁八八a、八九b、九七a；卷三六，頁一一a、四四b、四七b、四八a、五二b。翁指出黃遵憲送他一本〔日本國志〕。

44 同上，卷三四，頁八二a（光緒二十一年八月二十三日）云：「到總署……適赫德求見，……因與痛談，此人可用也。」同書卷三六，頁一三一b（光緒二十三年十二月二十四日）云：「赴總署，晤赫德，……並言四十年勸中國自強，乃因循至此。（指膠州事件）其言絕痛……」以下翁簡述赫德語如下：「我再作旁觀末論呈閱。我亦知中國萬不能行，特盡我心耳。我言若行，三十年可無大變故。」

同書，卷三四，頁九〇b（光緒二十一年九月初九日）：「午正，赴總署，未初晤英敎士李提摩太，……豪傑也，說客也。」同書，卷三四，頁九一a，翁記載李提摩太的談話，見本文第四章註二九所引。T. Richard, *Forty-five Years*, pp. 166-7, 172, 191-2, 234-240,254-256 中，李氏提及幾次與翁的約談，並比較完整的記下了李氏本人的提議，其中包括：皇帝選用二個外國顧問；組成一個八個閣員的內閣，其中任命四個洋人；設立敎育局以在全國推展新式學堂。

T. Richard, op. cit, p. 259 指出，一八九六年二月二十四日的約談，翁氏問他是否願「幫助朝廷討論要恢復的維新會」，李表示「不願與其有任何牽連」。

翁也跟其他洋人約談過。〔日記〕，卷三四，頁三一b、九二b—九三a。

如前所述，翁在一八八九年即已開始引導光緒走向變法。甲午戰敗後促使他加速努力，以便及時拯救清廷的危亡。然而，他對於變法的興趣也摻雜了不足語人的動機。我們有理由相信：他認爲若能取得變法運動的絕對領導地位，變法一途大可增長皇帝與他自已的聲望。因此，他必須儘可能招攬許多有才幹的人，結合在他四周，同時，也要排除在聲望與資歷上足以與他競爭領導權的人。這說明了翁爲何要排斥李鴻章和張之洞，而結交一些年輕朋友。這些年輕朋友中，有些是李氏與張氏的僚屬。這也說明了翁氏所以要資助康有爲的理由，——儘管他們在哲學思想與變法觀方面有極大的差異。

翁氏援引年輕朋友助其開展變法運動的努力，對他個人而言，幾乎沒有任何積極的成效。在某些方面，其結果顯然令他失望，甚至對他有害。他熱中名位，卻不善知人。袁世凱和張蔭桓便是兩個最不幸的實例。翁氏在一八九四年首次提到袁世凱。他述及袁氏在一八八五年至甲午戰爭爆發期間，出使朝鮮「頗得人望」[45]，一八九五年翁氏與袁氏晤面，深感袁氏雖具才幹，卻「欠誠實」[46]。不過，進一步的接觸改變了他的看法。不到三個月後，翁氏又認爲袁氏「此人不滑，可任也」。「此人究竟直爽可取」[47]。百日維新前的一次會晤加深了他對袁氏的好感。當時，袁

45 翁同龢，〔日記〕，卷三三，頁七一b（光緒二十年七月十六日）袁世凱。（一八五九—一九一六）傳略見：Hummel, op. cit, Vol. 2, pp. 950-1.

46 翁同龢，〔日記〕，卷三四，頁五九a（光緒二十一年閏五月二十九日）。

47 同上，卷三四，頁八二a（光緒二十一年八月十一日）及卷三六，頁六八b（光緒二十三年八月初四）。

氏「慷慨自誓」要爲朝廷效力[48]。不到三個月之後，翁氏被罷，途經天津南返，當時袁氏正在天津，曾致翁氏一書及一些禮物，卻又藉口時機不宜，而未如其他友人一樣前來拜訪翁氏。翁氏立即回信，表示對袁的禮物「斷不受也」[49]。顯然，翁不再視之爲密友了。

翁氏與張蔭桓的關係更不愜意。張氏比翁氏小七歲，乃北京達官貴人中的後輩。早在一八九〇年，兩人的關係似乎就很密切了[50]。無論公私場合，兩人都過從甚密[51]。一八九七年，翁氏正因山東曹州教案困擾時，首次提到了他對張氏的不滿，他在日記中寫道：

張君與余同辦一事，而忽合忽離，每至彼館則偃臥談笑，余所不喻也[52]。

這種情形，實際上並不難理解。我們當記得，張氏在一八六九年左右曾與李鴻章之兄瀚章共過事，時李瀚章正任湖廣總督。自一八七五年以來，張氏與李鴻章在許多事務上也有過接觸。雖然，嚴格說來，張氏並非李鴻章的私黨，可是，當翁氏運用手段來對付李鴻章這個老外交家，以圖取得外交的領導權時，張氏或許認爲，與翁氏聯合對付李氏，未免太不明智。事實上，有些理

48 翁同龢，〈日記〉，卷三七，頁二二a（光緒二十四年二月二十五日）。

49 同上，卷三七，頁六五a（光緒二十四年五月十四日）。

50 同上，卷二九，頁一六b（光緒十六年閏二月初十日）。張蔭桓（一八三七—一九〇〇）傳，見〈清史稿〉「列傳」，卷二二九，頁六b—七b；Hummel, op. cit., Vol. 1, pp. 60-63.

51 翁同龢，〈日記〉，卷二九，頁八五b，頁三一，頁三九b、五九a。以下數條涉及曹州教案：〈日記〉，卷三六，頁一一四、一一五a（光緒二十三年十一月十六—十八日）。

52 同上，卷三六，頁一一五a（光緒二十三年十一月十九日）。張蔭桓時為吏部左侍郎，並入值總理衙門。

由令人懷疑可能是張氏把他協助翁氏達成的談判條款洩漏給李鴻章，使李鴻章得以從中破壞。

不論以前翁氏與張氏之間的交誼如何親密，這種關係到一八九七年底終告烟消雲散。事實上，翁氏對張氏的惡感變得非常強烈，以致連光緒都懷疑一八九八年春張氏被彈劾是翁氏主使的[53]。那時，翁氏確實對他先前與張氏的交往感到後悔，他的日記記道：

薰蕕同器，涇渭雜流，元規汚人，能無嗟詫[54]？

我們若把其中過錯全部歸咎於翁氏，未免失之草率。張氏的動機也未必純正。例如，據說張氏最初大力支持康有爲，但不久卽轉而反對他，這顯示張氏是個首鼠兩端，出賣朋友的人[55]。不過，翁氏之爲張氏所「辱」，也可說是咎由自取。在翁氏試圖徵選變法的助手時，他似乎又做了一項不愉快的選擇。

如前所述，在翁同龢與李鴻章及其與張之洞的緊張關係中，翁氏必須負大部分（縱非全部）責任，此處尚需說明的是：根據翁氏自己的記載，至少在一八八四年以前，翁氏很尊重張之洞，

---

53 翁同龢，〈日記〉，卷三九，頁五八b（光緒二十四年四月二十四日）。

54 同上，卷三七，頁五三b—五四a（光緒二十四年四月初十）。元規（庾亮）是王導的政敵。〈晉書〉，卷六五，「王導傳」。

55 〈清史稿〉，「列傳」，卷二二九，頁六b；胡思敬，「戊戌履霜錄」，見翦伯贊，〈戊戌變法〉，冊四，頁八二；〈知新報〉，九八號，頁一a—二b。

並與其維持密切關係[56]。一八八四年，張氏出任兩廣總督，推動了一系列的近代化實業。根據張氏的說法，一八八九年時翁氏對張氏的敵意已經非常明顯[57]。翁氏這種由友好轉爲敵對的急遽改變[58]，不免令人驚訝，但並非不能解釋。所以如此，不僅是由於雙方在變法思想上的差異，因爲翁氏是在自己着手推動變法時，才開始反對張之洞的近代化運動。而且，正如下文所述，張氏努力的方向和範圍並未超越翁氏的變法思想之外，亦未與其背道而馳。翁氏對張氏的態度所以改變，私人忌妬與政治的競爭可能扮演了重要的角色。

正如翁氏看不起李鴻章一樣，李氏同樣也看不起翁氏。但是，我們可以說，翁氏與李氏之間的鬪爭，翁氏確實要負責任。李提摩太指出，李鴻章在一次談話中（一八九五年九月二十五日）曾對他說：「翁氏性多猜疑，沒有腦筋，只有顆半信半疑的心。」[59]大約同時（一八九四年），翁氏也反唇相譏，斥李鴻章爲「邪佞」，並批評他在處理國政時「事事落後」[60]。同時，翁氏更

---

56 翁同龢，〈日記〉，卷十九，頁五七a（光緒六年八月二十二日）；卷二三，頁三三b（光緒十年四月二十四日）及卷二三，頁三四a（光緒十年四月二十六日）。

57 〈抱冰堂弟子記〉，頁二八。

58 張之洞，〈全集〉，卷二二五，頁一a「送翁仲淵殿撰從尊甫藥房先生出塞」詩的一個自註。

59 T. Richard, *Forty-five Years*, p. 146。同書頁二四四引了一段李提摩太對其美籍秘書 Pethick 的一段話，云：「翁同龢是中國實際上的皇帝。」

60 翁同龢，〈日記〉，卷三三，頁七一a、八六b（光緒二十年七月十四日及八月十八日）。

「多方掣李文忠公之肘」[61]，就像對付張之洞那樣。在一八九五年，翁與其得意門生張謇聯手指控李氏「戰不備，敗和局」[62]藉以倒李。正如張之洞的前例，當翁氏宦途日漸得意之際，他與李氏的關係也漸由親密而轉爲敵對。兩人原有「世交」之誼。爲了情感上和利害上的關係，官宦家庭之間，在正常的情況下，都會小心翼翼的維持這種關係。表面上，翁與李並未破壞這種世誼[63]。然而，兩者之間的失和終於漸趨明朗。到一八八六年，翁氏升任戶部尚書後，他對李氏的厭惡之情變得非常明顯。兩人在國家財政方面的意見相左促成兩者的不睦[64]。一八八八年，翁氏反對李氏的鐵路計畫，李氏也很不客氣的批評翁氏。因此，兩人之間爆發了公開的爭執[65]。對日本的和戰之爭使他們的衝突達於極點[66]。兩人相互批評對方言行，不再掩飾厭惡之情[67]。

61 王照，〔方家園雜詠〕，第十一，「記事」；見翦伯贊〔戊戌變法〕，卷四，頁三六一。並見於王樹枏，〔德宗遺事〕，頁四五—四六。有關王氏在維新運動的角色，見葉昌熾，〔緣督盧日記〕，卷七，頁六五b—六六a，及 T. Richard, op. cit., p. 268.

62 張謇，〔嗇翁自訂年譜〕，頁三四b。張氏的奏摺，見張孝若，〔南通張季直先生傳記〕，頁六〇—六一。張孝若云：早在一八八二年張謇卽已建議李鴻章，鑑於日本明顯的策略，中國應在朝鮮採取較堅定的政策以打消日本的氣燄。翁同龢與潘祖蔭聽到這個建議，認為可取，但李認為這是杞人憂天。

63 翁同龢，〔日記〕，卷十八，卷二三，（光緒五年三月二十七—二十八日）；李鴻章，〔李文忠公尺牘〕，冊一，頁四八，九二，並散見各處。

64 翁同龢，〔日記〕，卷二五，頁五六b、六九b，（光緒十二年八月十八日及十月初五日）。

65 同上，卷二八，頁三a，（光緒十五年元月初六日）。

66 〔清史稿〕「列傳」，卷二二三，頁四b。

67 翁同龢，〔日記〕，卷三三，頁七一a、八六a、九一b（光緒二十年七月十四日，八月十八日及九月初二日）；卷三五、頁八七a、九八a，（光緒二十二年九月十八日及二十四日），卷三六，頁一〇八、一一八b、一一九a（光緒二十三年十月初三日及十一月二十七日）。

若說翁李之間的爭端，僅止於思想觀點上的差異，則未免失之籠統。這裏有一件較深刻卻較不明顯的實例。一位近代學者指出，翁氏與李氏之間早有夙怨。先是，李氏在翁同龢家鄉附近討伐太平軍，偶然得到一些不利於翁家的資料。李氏曾用這些資料向翁家勒索[68]。李氏或許做過這種事，但沒有直接的資料可以證實此事確爲他所作。更多的證據支持下列觀點：翁氏的政治野心使得李氏成爲他施展政治手腕的主要敵體。

以上的討論加強了前一節所下的結論：作爲一個現實的政治人物，翁氏經常讓權宜考慮逾越道德原則；結果，他的交友或樹敵，往往視其人是否有助於其目標的達成，或有害於本身利益而定，而非以其人的人品或信念來衡量。我相信，這個結論有助於解釋百日維新前夕及維新初期，翁同龢所採取的一些重要行動。

68 曾士莪，「述翁李相傾事」，〈國聞週報〉，第十二期（一九三五年七月十五日），頁二七一—二。著者指出，其資料來自某個與李鴻章遠親相識的人。然曾氏此文某些資料的準確性很有問題。

第三章　翁同龢與兩宮的關係

史學家大致均認爲，光緒帝與慈禧太后的衝突，是左右十九世紀最後十年清朝政治發展的主要因素。戊戌政變不僅是維新派與守舊派衝突的頂點，也是光緒帝黨與慈禧后黨之間鬬爭的最高潮[1]。

1 持這種看法的人包括：康有為，*Contemporary Review*, No. 76 (July–December 1899), p. 181；梁啓超，〈知新報〉，七十九號（一八九九年），見翦伯贊，〈戊戌變法〉，卷二，頁六〇一—八；張孝若，〈傳記〉，頁五六—七；Charles Johnson, "Struggle for Reform in China," in G. B. Smith, *Crisis in China*, p. 54; Teng and Fairbark, *China's Response*, p. 175.

許多人分別被歸類爲這兩派的成員。后黨方面，著名的有榮祿、剛毅、徐桐及孫毓汶等人[2]；帝黨方面則有長麟、汪鳴鑾、安維峻及文廷式等[3]。有些人認爲翁同龢是帝黨實際上的領袖[4]，雖然，確切而言，翁氏親帝而不反后。無論如何，翁氏極關切兩宮的衝突，在百日維新前的幾年，他個人的行止動靜相當受到此一衝突的影響。

同光兩朝清室內部的失和是個明顯的事實。同治帝由於不遵生母慈禧之意選妃，而遭到怨恨[5]。光緒帝並非慈禧的兒子，所遭境遇較諸同治更爲難堪。醇親王奕譞聽到慈禧選定他的兒子載湉繼承皇位時，不由慟哭昏厥，他或許預感到其子即將面臨的處境[6]。

---

2 陳鍫，前引書，卷二五，頁六九。參照，〈碑傳集補〉，「翰林院編修沈君墓誌」，卷八，頁二〇。

3 翁同龢，〈日記〉，卷三四，頁一〇七a（光緒二十一年十月十七日）；「康有為答記者問」，中國郵報，香港，一八九八年十月七日，見，翦伯贊，〈戊戌變法〉，册三，頁五〇二；〈清史稿〉「列傳」，卷二三二，頁四。

4 例如，張孝若，〈南角記〉，頁五六—五七。

5 李慈銘，〈桃花聖解庵日記〉，甲集，卷十一，頁四五b，（光緒元年二月二十日）；丁集，卷二，頁三四b—三五a；李劍農，〈中國近百年政治史〉，頁一二二—一二五。

6 羅惇曧，〈德宗繼統私記〉，引自，左舜生，〈中國近百年史資料〉，頁四二九—四五三。

宮廷氣氛的不愉快多半是慈禧的個性所造成的。不論她做爲一個統治者的才幹如何[7]，似乎可以確定的是，慈禧這個堅決而寡情的女主，經常表現得過於狡慧而非眞正的明智。像歷史上許多「名女人」一樣，她是個「虎貓型」的女人[8]。使光緒帝的處境特別困難的是，這個女子據說

---

[7] Reginald, F. Johnson, *Twilight in the Forbidden City* p. 67 其中提到兩種相反意見，一個持贊同意見，包括一羣西人作家。另一個持斥責意見，大抵上包括一羣中國學者。前者如：Bland and Backhouse, *China* p. 65; Isaac T. Headland, *China's New Day*, p. 22; Stephen King-Hall, *China of Today*, p. 15; Meribeth E. Cameron, *The Roform Movement in China*, 1898–1912, p. 182. 後者如：Reginald F. Johnson, *Twilight*, pp. 65–66; A. E. Grantham, *Pencil Speakings from Peking*; 及當時一羣中國文人，康有為及其徒衆對「老佛爺」自然特別苛刻。康氏對宮崎寅藏表示要雇日本殺手來剷除她，從這可看出康的心情，Marius B. Jansen, *The Japanese and Sun Yat-Sen* p. 77.

[8] Reginald F. Johnson, op. cit. p. 72, 引 Robert Loraine 之語。Johnson指出她對待公使館婦女的手法很「機靈」。ibid, pp.69–70. cf. A. H. Smith, *China in Convulsion*, Vol. 1, p. 28. 德齡，*Two Years in the Forbidden City*, p. 62. 指出慈禧的猜疑心。她說：慈禧有一只枕頭中央有個洞，這樣她可以聽到任何聲響，「任何人只要一接近，她便可察覺出來。」

擁有「不可抑遏的雄心」、「喜好權力」，而且「精力充沛」[9]。此外，她十分自負，對那些敢於招惹她的人非常殘酷[10]。

慈禧對待光緒的嚴苛態度，人人皆知。梁啓超指責她確曾虐待光緒。他引用一位忠於光緒的太監寇連材的話，堅稱光緒常受訶斥鞭撻，並常罰跪達數小時。結果「皇上見西后如對獅虎」[11]。無人能證實這些話的眞假，但從其他資料看來，一般而言，慈禧對光緒的確缺乏母性的慈愛[12]。

---

[9] Hummel, *Eminent Chinese*, Vol. 1, p. 300. 當時傳遍中國有關她的醜聞可能都是沒有根據的。Wen Ching, *The Chinese Crisis*, pp. 89–90. 中提到某些醜聞。Bland and Backhouse, *Annals and Memoris of the Court of Peking*, pp. 469–92, 懷疑這些醜聞的真實性。

Reginald F. Johnson, op. cit., Chap. V. 註二十中亦不相信這些醜事的真實性，他提出以下的理由說：「老佛爺或許並不像這些故事所描寫的那麼壞，也不那麼不智。她的孤僻性格可能部分是由於性的壓抑造成一種內在衝突而形成的，而不是由於過分耽溺於性的享樂。」

我們可以確定：慈禧在許多方面都是一個不快意的女人，一九〇三年冬，她向德齡女士吐露說：「我自小就過得很苦，由於我不受寵，跟父母相處一點都不快樂。我的姊妹想要什麼，就有什麼，而我完全被忽視了。當我首次進宮，多少人嫉妬我。……所幸，我生了個兒子……；自此以後，我的命運不佳，事事令我失望，沒有如我之意者。」Two Years, pp. 251–3.

[10] Reginald F. Johnson, op. cit., p. 69；德齡，*Two Years* p. 87. 描述太監被鞭笞的情形，並記下慈禧的話說：「他們已多日沒有被懲罰了，他們自找罪受。」又見，同書，頁六四。

[11] 梁啓超〔戊戌政變記〕，〔飲冰室合集〕，專集，卷一，頁五七。

[12] E. g., Reginald F. Johnson, op. cit., p. 73；德齡 op. cit., p. 68.

她或者並非故意或特別對光緒「殘酷」。但由於她是出了名的能教周遭的人懼怕她的人[13]，因此，她用平常對待下屬的方法來對待光緒是可能的。

這種姨甥（名義上是母子）間的緊張關係，又因帝、后（光緒的皇后是慈禧的姪女）間的和張關係而更加複雜。光緒皇后是慈禧選的，「她的用心並非在皇帝的幸福快樂，而在促成自己的私願」。據云，光緒「自始便與皇后不睦，他們兩人間尖銳而長期的衝突已非宮中之秘密」，又很明顯地喜歡瑾妃與珍妃[14]，她們必然會遭慈禧的忌恨[15]，這使得整個情況比以前更加惡化。

那些有意或無意間播弄帝、后間不和的官吏或太監們的擧動使情況更爲嚴重。屬於「帝黨」

---

13 Richard Wilhelm, *The Soul of China*, pp. 191–2 載：恭王的孫子溥偉云：「每當他要向她提出報告時，總是戰戰兢兢。每件事都得合她的意，否則，她很容易激怒，發起怒來令人害怕。」許多作者都指出兩宮間的緊張關係，惟一的例外是瞿鴻禨，他在〔聖德紀略〕（一九〇八年左右）頁二a—b中強調，慈禧很慈愛，皇帝也很孝順。「丁酉戊戌間，傳聞誤會……實已渙然冰釋。」接著瞿氏引慈禧的話云：「皇帝……本我親姪，又我親妹妹之子，我豈有不愛憐者？」我們要注意：瞿氏是榮祿派人物，見瞿鴻禨，〔恩遇紀略〕，頁三八b及三九b。

14 Bland and Backhouse, *China*, pp. 162–3.
王樹柟，〔德宗遺事〕，頁七—九，二七—三〇指出：皇族間曾因皇帝與皇后的不和而爭吵，珍妃亦因描繪慈禧的敗行而遭斥逐。

15 翁同龢，〔日記〕，卷二七，頁七二（光緒十四年十月初五日），卷三三，頁一一八（光緒二十年十月二十九日），頁一一九（光緒二十年十一月二日）；葉昌熾，〔緣督廬日記〕，卷七頁九a（光緒二十年十月二十九日），王樹柟，〔德宗遺事〕，頁二七—三〇；亦見 Hummel, op. cit., Vol. 2, p. 732.

和「后黨」的官員必須負部份責任。但最大的傷害似乎來自太監。

儘管「祖法」嚴禁太監干政[16]，儘管官員們對太監們傳言中的惡行一再參劾[17]，但這些人的權勢卻一代一代有擴大的趨勢。他們干預紫禁城之外的事情，惡名昭彰到不容忽視的地步。早在嘉慶年間，就據說有個太監曾毀掉一個大臣，使其失掉了仁宗的寵信[18]。隨著慈禧控制了整個政府，太監在宮廷中的重要性很快地達到前所未有的地步。一八七九年惡名昭彰的安德海被處斬[19]，但並沒有改變整個情勢。事實上，由於太監在慈禧手下所據的優勢地位，其中有些人取得了巨大的權勢與影響力。這些人都是經常與慈禧直接接觸的人；官員通常都要透過他們，才能接近太后[20]。除了可以「販售」其影響力——據說他們普遍都沉迷此道——之外[21]，他們有許多機

---

16 慶桂等，〈國朝宮史續編〉，卷一至卷六，卷七十二至七十四；金梁，〈清宮史略〉，頁一七—四六與頁一六三—一七七；瞿鴻禨，〈偎直紀略〉，頁二八a—二九a。

17 兩廣總督陶模在十九世紀末年對太監的作為一度明白指責。見他一九〇一年上的一篇奏摺，收入于寶軒，〈皇朝蓄艾文編〉，卷九，頁五a—六a。左宗棠很器重陶，陶氏曾參與平定回亂；一八九五年他上奏要求變法，時正署理陝甘總督。傳略見，〈清史稿〉，「列傳」，卷二三四，頁七b—一〇b。

18 金梁，〈清帝外紀〉，頁一一五—六。這位太監是鄂羅哩，而被黜的大官是廣興，他是第一個參劾和珅的人。

19 薛福成，〈庸盦文續編〉，卷下，頁一a—二a，薛氏對此事的描述較詳。Bland and Backhouse, China, pp. 85-95 亦記同一事。

20 金梁，〈光宣小記〉，頁五三，描述慈禧在「訓政」期間（一八八七—八九）的日常行事。

21 一八九一出現了一件這種事例，當時一位御史參劾太監金九，指責他強索大臣的禮物。經過調查，此事證實為真。徐致祥，〈嘉定先生奏議〉，卷三，頁三八a。

會任意褒貶大臣[22]。而且，由於他們能刺探大臣並自宮外獲得情報（或流言），使慈禧太后不能沒有他們。僅此便足以使他們震懾甚至是最具權勢的大臣[23]。李蓮英這個慈禧手下的太監頭子成爲衆所皆知的最有權勢的宮廷人物，宮廷腐化的核心，並且是最能影響慈禧的勢力，實在是不足爲奇的。康有爲的指控[24]和文縉的攻擊[25]可由其他持論公正、見聞廣博的作者來加以印證[26]。

---

22 李蓮英的作為可為最佳說明。其他太監據云經營非法行業，例如，一八七五年發現有太監在紫禁城經營鴉片舖。吳相湘，〔晚清宮廷實紀〕，頁二一八。

23 甚至連醇親王一八八六年出巡都要請太監頭子李蓮英陪伴，以示謹愼。明顯地是為了避嫌。李慈銘，〔荀學齋日記〕，辛集上，頁九一b（光緒十二年三月二十日）；翁同龢，〔日記〕，卷二五，頁六〇a（光緒十二年八月二十八日）。翁抱怨說，一八八七年他負責頤和園修繕工程時，七、八個太監向他「推薦」包商，他「怒責之」。〔日記〕，卷二六，頁三六b（光緒十三年四月初四日）。

24 康對〔中國郵報〕記者的談話，一八九八年十月七日，引自翦伯贊〔戊戌變法〕，册三，頁五〇一。

25 Wen Ching, *Chinese Crisis* p. 154.

26 例如，金梁，〔光宣小記〕，頁九三；費行簡，〔慈禧傳信錄〕，引自，翦伯贊，〔戊戌變法〕册一，頁四六四；王慶保、曹景郕，〔驛舍探幽錄〕，引同上書，册一，頁四九八。根據費行簡的說法，盛宣懷被一羣御史參劾說他總辦招商局時侵佔大批公款。朝廷下令調查此事，但此案因盛氏送大批金錢給李蓮英後被掩蓋掉了。盛宣懷傳見 Hummel, op. cit, Vol. 1, p. 29. 王慶保與曹景郕記載了一段張蔭桓在一八九八年秋放逐途中所說的話。張氏指出，一八九七年他出使歸來時，獻給慈禧一些珠寶博其歡心。但他忘了給李蓮英禮物。張氏相信他的被逐可能與此事有關。

李蓮英與他的同黨親近太后而「不尊重」光緒帝也是不足爲奇的[27]。事實上，他們毫無顧忌地幫助太后把光緒的生活弄得很悲慘。特別是李蓮英，有人認爲他是挑起光緒與慈禧不和的罪魁禍首[28]。他對光緒的敵視可能是「戊戌政變的首要原因之一」[29]。我們自然要當心不能過分強調李蓮英的重要性，然而，無疑的，慈禧與光緒關係的惡化，他要比其他后黨的大臣負更多的責任。

李蓮英所以討厭光緒據說有很多理由。在一八九〇年李曾因對光緒不敬而遭鞭笞[30]。即使沒有這件事，光緒對政治改革的興趣也必然會與李蓮英的腐敗行爲發生激烈衝突，因爲唯有保持現

---

27 德齡，*Two Years* p. 116。翁同龢，〔日記〕，卷三，頁九四b，（同治元年十一月三日）記載，某些服侍年輕皇帝的太監所穿的毛皮大衣，其質料比皇帝穿得還好。見，〔日記〕卷三，頁九七b。

28 Wen Ching, op. cit., p. 155.

29 Bland and Backhouse, *China*, p. 82.

30 康有為致李提摩太的信，引自，翦伯贊，〔戊戌變法〕册一，頁四一六；梁啓超，〔戊戌政變記〕，頁五八；此事據稱發生於一八九〇年。

我們無法證實上述故事的可靠性。在一八九八年前幾年，皇帝與太監的往來似乎小心翼翼。例如，一八九七年他把一本參劾一個姓牛的太監奏摺壓下來，並對翁同龢說：「此疏若為太后見，言官禍且不測。」惲毓鼎，〔崇陵傳信錄〕，引自，左舜生，〔中國近百年史資料〕，下册，頁四六〇。皇帝由於早年的經驗而愈來愈小心，這是可以理解的。

狀，這類行爲才能繼續[31]。有好幾次，光緒曾實際著手淸算某些太監的敗行[32]。後來，當光緒表現得太過顧慮洋人，太過傾慕西化而不合慈禧之意時，李蓮英便一再傳播一些排外的謠言，掀煽慈禧的仇外心理，因而間接地加深了慈禧對光緒的疑忌[33]。卽令沒有慈禧的密命，李蓮英也必然會爲她偵伺光緒，向她報告所謂光緒的不肖擧動——蔑視祖宗成法[34]。可想而知，光緒帝在一九

---

31 Bland and Backhoues, *Court of Peking*, pp. 430-3，裏面引用魯伯陽與玉崑的例子來說明此事。上述二人為取得肥缺而賄賂李蓮英。

Reginald F. Johnson, *Twilight*, pp. 39-40。明顯支持此看法云：「整個宮廷的人—有三千之數—不但怕慈禧，並且為了個人或自私的理由，也都痛恨皇帝的變法計劃。……他們都知道變法運動的成功遲早將會帶來激烈的變動；……他們自慈禧取得了使他們生活其中，繁殖其中的腐敗制度的支持。」

32 惲毓鼎，〈傳信錄〉，引自翦伯贊，〈戊戌變法〉卷一，頁四七五，提到玉崑的例子。（此人顯然卽 Backhouse and Bland 所指的玉崑）。張之洞，〈抱冰堂弟子記〉，頁一b—二a，提到另一個明顯的例子。

33 德齡，Two Years, pp. 176-7 云：「李蓮英告訴我說，這些敎士給中國人一些藥品，自後，他們都希望入敎……。敎士們帶走貧苦的中國孩童，把他們的眼睛挖出來做藥。」這段話是在一九〇三年拳亂後很久說的。

34 張元濟，〈追述戊戌政變雜詠〉，第八首註。引自翦伯贊，〈戊戌變法〉，册四，頁二五一。張追述皇帝召見他的情景云：「德宗語言頗低，然辭氣和藹。屢諭暢所欲言，不必有所戒懼。余見御座後窗似有人影，亦不敢多言。」參照康有為的敍述，見翦伯贊，〈戊戌變法〉，卷三，頁五〇六，康氏大意是說：皇帝自己亦知道這種窺探。

〇八年的早逝，即使不是后黨的太監促成的，也是他們所樂見的[35]。

當然，並非所有的太監都反對光緒。寇連材這個一直沒沒無名的人物，卻因「勸皇帝愼擇左右，以防慈禧太后經常不斷的窺探皇帝的密事，而被慈禧處斬。」[36]此，廷臣的朋黨分立似乎在太監中也產生了類似的現象。事實上，寇連材極可能是帝黨廷臣的一個喉舌[37]。然而，少數幾個太監的支持畢竟過於脆弱而無太大作用；只有把光緒所面臨的處境弄得更糟。

必須強調的是，問題的根源在於帝后之間基本的利害衝突。慈禧之選取四歲的載湉來繼承同

---

35 Herbert A Giles, *China and the Manchus* p. 121。其中說明皇帝與慈禧相繼崩逝的事云：「這是奇怪的巧合，是由於太監和其他反對皇帝的人決定不讓皇帝比慈禧活得更久……以免其變法的精神再度危害他們的私利。」

金梁，〔光宣小記〕頁一〇九，指出：根據某些太監的「消息」，儘管皇帝生病，他仍需每日親自向慈禧晨昏定省。這是件損耗體力的事。甚而連他的病實際上都沒有延治。即使並無逆謀，皇帝也不可能活過慈禧。

36 Backhouse and Bland, *Court of Peking*, p. 434。比照張元濟，前引文，見翦伯贊，〔戊戌變法〕，卷四，頁三五二（雜詠第十的註）：「當時內侍，亦尚有忠於德宗者，如寇良材之徒，嘗對人言，德宗在宮內，每於無人獨座之時，頻頻嘆息，掩面而泣。又言西后性情暴躁，對德宗一言不合，即責令長跪不起。故德宗入覲問安時，觳觫萬狀。」

37 老吏（假名），〔奴才小史〕（〔滿清稗史〕），頁一九a—三〇a，指出：寇的上奏觸及行政事物，包括慈禧對皇帝權威的侵犯以及圓明園的修建。費行簡，〔傳信錄〕，見翦伯贊，〔戊戌變法〕，冊一，頁四六三，云：文廷式（費氏本人與之熟識）知道寇忠於皇帝，常與他結交，文氏預備了一本奏摺要求慈禧採行新政，並慫恿寇上之。慈禧被其激怒，並從李蓮英之言將寇斬首。

〔實錄〕，卷三八六，頁二（光緒二十二年二月二十七日）有一道上諭，其中引了御史楊崇伊指控文廷式經常聚衆議論時政，並與一「文」姓太監「結為兄弟」。這個說法需有所保留，但不可否認的，某些太監涉入朝政。

治，動機不外乎在延長自己的太后地位，也就是說，繼續「垂簾聽政」。她之所以虐待年幼的光緒可能是想在他的心目中樹立威嚴，使其永遠順服。在這一點上，她做得顯然相當成功，雖然後來的發展證明了她的成功並不澈底。一八八七年，慈禧擺出歸政光緒的姿態。不過，她應臣民「懇求」，繼續訓政兩年。因此，延緩了她正式放棄大權的時間——這個大權，她曾任意支配了四分之一個世紀[38]。那時（一八八九年），她正五十多歲，而光緒還只是十八歲的青年，她在體格與精神上都還硬朗，「不願就此退隱」[39]。同時，時局事勢的發展，很快地讓光緒感到迫切需要「有所作爲」，以挽救國家的淪胥[40]。於是兩宮之間不可避免的權力鬪爭便急速展開，而於一八九八年達到高潮。

第一次危機發生在一八九四—五年，正是慈禧名義上結束訓政後的五年。光緒那時雖已二十三歲，但慈禧並沒有把政事全權交給他，她繼續處決大政，包括國際外交關係[41]。例如，早在一八九五年，有一次恭親王提醒她說光緒不願召李鴻章到北京來備諮詢，她顯然很不高興地說：「

38 翁同龢，〔日記〕，卷二六，頁六b（光緒十三年元月十五日）描述了德宗的「親政」大典。頁三五b（光緒十三年四月初三）述及「訓政」的日常公事曰：「五起，臣係第四起，前三起皆上見，臣係皇太后見。」

39 Bland and Backhouse, *China*, p. 162.

40 張孝若，〔傳記〕，頁五六。

41 例如，翁同龢，〔日記〕，卷三七，頁二九、三二a（光緒二十四年三月十三日與十七日）。然而，慈禧並未負起甲午戰敗之責，如 Bland and Backhouse, *China*, p. 176 所云：「為了這宗災難，她必須責難一些人，因此，假如她斥責皇帝，那是不足為奇的。……」兩位著者並不清楚兩宮關係的緊張早在一八九四年以前就形成了。

我可作一半主張也。[42]」她對光緒那種專橫的態度非常明顯，自然逃不過那些同情光緒帝的臣工們的注意。他們中有些人勸告光緒確立自主權，企圖藉以阻止慈禧的干政。但是，這非但未使情況改善，反而使他們因而被貶。

光緒本人似乎也不敢聽取這些人的忠告。在光緒二十一年十月十七日一道罷黜戶部侍郎長麟與吏部侍郎汪鳴鑾[43]的上諭中，德宗這樣說道：

仰蒙慈訓殷拳；大而軍國機宜，細而起居服御，凡所以體恤朕躬者無微不至……乃有不學無術之徒，妄事揣摩，輒於召對之時，語氣抑揚，罔知輕重。即如侍郎汪鳴鑾、長麟，上年屢次召對，信口妄言，跡近離間（慈聖及朕躬）[44]……

但是，光緒並未長此馴順不爭。一八九六年他的生母（慈禧之妹）去世，光緒與太后之間「

42 翁同龢，〔日記〕，卷三四，頁八b（光緒二十一年元月十八日）；比照，同卷，頁一三a及他處。

43 〔清史稿〕，「列傳」，卷二二九，頁三b—四a；翁同龢，〔日記〕，卷三四，頁一〇七a，（光緒二十一年十月十七日）有關汪鳴鑾與長麟的記載。

關於安維峻，見〔清史稿〕，「列傳」，卷二三二，頁四；翁同龢，〔日記〕，卷三五，頁一七a（光緒二十二年二月十七日）。根據翁的說法，安維峻是在文廷式的慫恿下行事的。又見〔知新報〕，八四號，頁三a—四b（光緒二十五年三月十一日）康有為致日本友人書，對〔中國郵報〕的談話，引自翦伯贊，〔戊戌變法〕，冊三，頁五〇二；梁啓超，〔政變記〕，頁五九—六〇。

44 〔實錄〕，卷三七八，頁二b—三a。此諭述及延緩懲處汪鳴鑾與長麟，乃是因皇帝忙於兵事（亦即甲午戰爭）。

最後一道維繫親睦關係與可能調解的線」隨之中斷[45]。一八九七年十二月德軍強佔膠州灣使光緒大受震撼，以致據說他曾威脅說，除非他能全權處置朝政，否則寧可退位。根據一種說法，他的威脅透過慶親王奕劻傳到慈禧那裏。根據其他的說法，慈禧同意他自己做主，但條件是，若成效不彰，她將保留最後的決定權[46]。我們很難證實這些說法的正確性如何，但它們爲下面這個事實提供了合理的說明：儘管光緒帝沒有權威並對慈禧懷有恐懼感，但他畢竟發動了戊戌變法。

然而，這並不是說，慈禧全心同意光緒的維新計畫，也不是說她決定授予他完全的自主權。她的同意是有條件且很勉強的。後來的事實證明了她早就準備利用機會重掌大權。此外，她的喜好權力，對光緒的厭惡與懷疑以及盲目的排外心理，在在給予反變法人士很多的機會，而這些人的成見與私利都受到變法的影響。這些「保守派」聯合在慈禧的旗下，用盡各種方法來中傷光緒，以便澈底阻撓他的維新事業[47]。因此，許多變法派人士之所以主張唯有排除慈禧或解除她的

---

45 Bland and Backhouse, op. cit., p. 177.

46 蘇繼祖，〔戊戌朝變紀聞〕，引自，翦伯贊，〔戊戌變法〕冊一，頁一三三。康有為在〔知新報〕重提此事，見八四號，頁三a—四b（光緒二十五年三月十一日），又見於*North China Herald*, LXI (Oct. 17, 1898) p. 740. 梁啓超，〔政變記〕，一四七頁亦提及。Harold E. Gorst, *China*, p. 250 也有大體相同的說法。

47 張元濟，〔雜詠〕第九註。引自翦伯贊，〔戊戌變法〕冊四，頁三五二。

權柄，變法才可能成功，實爲不無所見[48]。

兩宮之間的衝突有些也可說是根源於他們之間性情與見解上的不同。舉例來說，慈禧不相信光緒有君臨天下的能力，也很少培植他。在她訓政期間（一八八七—九），所有文件都經過太監掌理的奏事局而傳到她手中，她只「偶亦指一二事示帝，非指示不得逕翻閱也[49]。」在光緒「親政」（一八八九年）前夕，她向光緒取得不可「變成法」的承諾，以約束他的作爲[50]。直至一九○四年，拳亂問題解決很久之後，慈禧仍然不太相信光緒的知識與智慧。她說：「妳可知，我常想我是最明智的女人，……皇帝知道個什麼[51]？」

然而，並非所有與光緒有過接觸的人都同意她這種輕蔑的看法。德齡認爲「他是個很聰穎的

48 康有為與他的一些同道最為人所知，Bland and Backhouse, op. cit., pp. 197–8。王照，「關於戊戌政變之新史料」，見於翦伯贊，〔戊戌變法〕，册四，頁三三一，中云：光緒二十三年冬，康有為再度至京，他主張改革應自下起，亦即建立「會」；而不要自上面，透過朝廷的行動開始。但是，在皇帝召見他過後，他認為需要提高皇帝的權威，為此，必須除掉慈禧。王照進而強調說：康氏是因張蔭桓的影響而轉採這種觀點。張蔭桓痛恨西太后，因她曾威脅說要處罰他，因此迫得他不得不用二十萬兩銀子買通太監，以洗清他被控的罪名。我們無法駁斥王氏所述的張蔭桓故事，那可能是真的。然而，該指出的是，其所述康氏起先相信「變法應自下起」並不完全正確；因為早自一八八八年，康氏即已嘗試取得朝廷的青睞了。

49 金梁，〔光宣小記〕，頁五三—五四。

50 金梁，〔清帝外紀〕，頁一六七—九。

51 德齡，*Two Years*, p. 356。

人，記憶強，學習快。」相反的，儘管慈禧的自信力極強，卻不喜讀書[52]。擔任帝師多年的翁同龢大體上肯定了德齡對光緒的品評[53]。

光緒卻也不是個性情溫和的人。他自小就情緒強烈、脾氣急躁。當他八歲時，給翁同龢的印象是，聰明而不願受人驅使，喜受奉承。翁認爲需要有耐性而懇切的敎導他不可任性與多疑[54]。年輕的光緒帝經常被一些瑣事激怒，並容易發怒[55]。但是，他的性情很坦率。有一次當他提到生父醇親王病重而自己卻無法去探視時，竟在他的老師面前落淚[56]。一八七五年當他與廷臣論及國家所面臨的困境時[57]，當一八九八年他閱讀康有爲呈獻的〔波蘭瓜分記〕時，他都傷心落

---

52 德齡，*Two Years*, p. 374；比照，同書頁一一四，云：「他天生是個音樂家，不必學卽會彈奏任何樂器。喜愛鋼琴，常要我敎他。」

53 翁同龢，〔日記〕，特別是卷十五，頁三二b（光緒二年四月十一日）；頁七六a（光緒二年八月初五日）；卷十六，頁二b（光緒三年元月初六日）；卷十八，頁五二b（光緒五年六月二十九日）；卷十九，頁九八a（光緒六年十二月二十九日）；卷二三，頁一〇一a（光緒十年十一月初五日）。

54 同上，卷十五，頁九六a（光緒二年十月二十六日）；卷十六，頁五〇（光緒三年七月八日）。

55 同上，卷二十，頁二四b（光緒七年三月初五日）被太監激怒；卷二一，頁七b（光緒八年二月初一日）—因茶太熱發怒；卷二二，頁三二b（光緒九年三月十九日）—被一太監激怒，而笞責之；卷二二，頁四七a（光緒九年五月初二日）—被帝師孫家鼐激怒，摔破茶杯；卷二二，頁六四a（光緒九年九月初二日）—怒而踏破玻璃窗；卷二七，頁三七b（光緒十四年五月七日）—怒，打破玻璃窗。在最後一件事發生時，皇帝約十七歲。

56 同上，卷二六，頁九四b（光緒十三年十月初六日）。

57 同上，卷三四，頁七a（光緒二十一年元月十六日）。

淚[58]。像這樣的一種人，是難與慈禧和諧相處的。

見解上的不相容進一步加深了光緒與慈禧的裂痕。我們很容易過於強調帝后兩人權力鬪爭的重要，比如說，康有爲就曾說帝后二人的衝突與政治見解無涉[59]。王照的看法也是如此[60]。章炳麟也指責光緒缺乏政治原則，甚至認爲光緒只不過是想藉變法運動來鞏固他個人飄搖不定的權位[61]。這些看法自然都是偏頗的黨派之見，不能毫無保留地接受。因爲，雖然把慈禧當作「保守派」或把光緒說成「進步派」，都是不正確的說法。但是，假如忽略兩人在朝政方針上的差別或無視於由於年齡之別而產生的一般見解的歧異，將把事情過分簡單化。在一八九五到一八九八年間，光緒才二十多歲，而慈禧卻已六十出頭了。假使這種年齡上的差異沒有影響到他們對事情的觀點，進而影響其作爲的話，未免有悖常情。

---

58 康有為，〔戊戌奏稿〕，頁三九b。德齡，op., cit., p. 15，證實皇帝對帝國的未來極為關心。惲毓鼎有許多就近觀察的機會。他這樣寫道：「天顏戚戚常若不愉，未嘗一日展容舒氣也。」引自左舜生，〔中國近百年史資料〕，下冊，頁四五四。比照德齡，op. cit., p. 113，云：「當他單獨跟我在一起時，變成完全不一樣的人，有說有笑；但當他在慈禧面前時，則表情嚴肅，好像抑鬱得快要死掉一般。」

59 *British Parliamentary Papers*, Correspondence, 1899, 303, Lether No. 401, appendix 2, 康有為與 Bourne 的談話（一八九八年九月二十五日）。

60 王照，〔雜詠〕第三，註。收於翦伯贊，〔戊戌變法〕，冊四，頁三五九。

61 章炳麟，「駁康有為論革命書」，收於〔太炎文錄續編〕卷二，頁二三b—二四a。章氏也罵光緒為「載湉小丑」。引見，戈公振，〔中國報學史〕，頁一五四。

必須指出的是：慈禧太后並不反對爲了「自強」而採用「西法」，她只是反對改變或放棄帝制中國的傳統方式與價值。她之所以堅持這些，不只是因爲她深受傳統的影響，而且還因爲她深知其權勢與聲望大部分來自傳統的基本倫理教條，特別是孝道。遲至一九〇三年，她宣稱：「我不諱言我最喜歡舊法，我看不出我們爲何要採用洋法[62]。」大約在同時，她所說的另一段話更有意味：

> 我或許是保守的，因為我尊重我們的傳統，且終生不會改變。妳看：我們的人民自幼被教以禮。看看過去的教訓，並把它跟新的比照一下，人們似乎喜好新的。我認為新的觀念會讓人變成基督徒，打破他們的神主牌而焚燬之[63]。

在說過上面這話不久，慈禧對德齡透露說：「康有爲欲令皇帝信仰異教，只要我在一天，任何人都不得入異教[64]。」

然而，年輕的光緒對祭拜「祖宗牌位」較不感興趣，對「異教」也較無反感。特別在一八九五年至九七年，他耽迷於西學[65]，而且，由於某些西方教士的熱誠，他對〔新約聖經〕開始感到

---

62 德齡，*Two Years*, p. 83。

63 ibid p. 175。

64 ibid. p. 180。

65 梁啓超，〔政變記〕，頁一五五，云：皇帝喜歡讀書，但「及膠、旅變後，上怒甚，謂此皆無用之物，命左右焚之，太監跪請不許，大購西人政書覽之，遂決變政。」
張元濟說總理衙門派他去購置皇帝用硃筆開列的新出版的書籍。翦伯贊，〔戊戌變法〕卷四，頁三五〇。

興趣[66]。這個事實與慈禧上述的言論正相契合。光緒逐漸喜好外國的童玩[67]，對學習英文也顯出很深的興趣，這個傾向自然不為翁同龢所喜[68]。顯然，一向比較能吸引青年人的新奇事物在此發生了作用，它可能加深了光緒步武西法改造中國制度以使中國富強的熱切希望。在心理上，光緒完全具有發動一八九八年各種果敢行動的條件，就如慈禧的責難，這些作為也自有其心理背景。因此，在接見康有為前的五、六年，光緒早已顯露出西化的傾向了。

當然，兩宮之間觀點上的差異也不是絕對的。如前所述，慈禧並不完全反對採用「西法」。根據一項史料，在百日維新之前，她甚至告訴光緒說，變法實為她的夙願[69]。從以下的事實可以

---

66 Isaac T. Headland, *China's New Day*, pp. 3-8. 云：一八九四年慈禧六十大壽，全國的基督教婦女送她一本〈新約聖經〉，次日，皇帝也從美國聖經社買了一部〈聖經全書〉。一些太監說，「皇帝每天用大楷抄寫一段路加福音，並研究經文。數日以後，皇帝買了很多中譯西書。連續六個禮拜，皇帝不斷派那個太監為他買書，直到把所有中譯西書買齊為止。」

H. B. Morse, *International Relations*, Vol. 3, p, 134，引A. H. Smith, *China in Convulsion*, Vol. 1, p. 128，亦提到上述〈聖經〉的故事，並云：「自那時起，皇帝很盡心的去了解西方宗教與習俗。」

67 Isaac T. Headland, op. cit., pp. 8–14。這些「玩具」包括「火輪車」：「他在紫禁城的蓮湖西岸建了一條鐵路，並有在歐洲製造的車頭和兩節小車廂，可以搭載宮人漫遊嬉戲。」此外，皇帝有電報機、電話、留聲機與照相器材。

68 翁同龢，〈日記〉，卷三十，頁六三a、六四b、六六a（光緒十七年十月二十五日、十一月一、五、七日）。翁因皇帝篤好學習洋文，特別是英文，而深感困擾。

69 同上，卷三五，頁八五a（光緒二十二年九月十三日）及卷三六，頁一三一a（光緒二十三年十二月二十四日）。

看出這並不是一句空話。在同治初年，是她同意曾國藩派遣留學生、建造輪船、製造西式武器的，雖然她同時警告不可仿效日本的維新路線而冒犯祖先。多年以後，光緒帝進呈馮桂芬的〔校邠廬抗議〕，她對其中所提出的變法思想有很良好的印象，雖則她也再度提醒光緒帝不可操之過急。只有在穩健情形之下，光緒與翁才能放手繼續從事變法[70]。所有這些事實，說明了慈禧與「自強運動」諸領袖以及主張溫和改革諸臣工的立場相近。她跟他們一致同意：「西法」必須採用，而清朝本身的文化傳統也必須保持。換句話說，慈禧服膺「中學爲體，西學爲用」的改革理論。她之所以反對戊戌變法，部分是由於光緒帝及其臣工對變法運動操之過急，超過了她所設定的限度。另一方面，則是因爲變法派的作法有把她打入政治冷宮的危險。

事實上，在兩宮的衝突尚未鬧到不可開交之前，慈禧有條件的贊同變法似乎曾使某些大臣滿懷希望，認爲可能調和兩宮，勸導他們共同合作，變法救國。

翁同龢就是一個認定有這種可能性，而且也實際地去做的人。從現實的觀點來說，慈禧在同治一朝與光緒初年早已建立了穩固的權力，在宮廷中有著不可動搖的地位，這是有目共睹的。意圖將她推倒，是太愚蠢了。進一步從意理的觀點來看，很明顯的，由於她是光緒帝的「母親」，大可名正言順地要求光緒帝孝順她。光緒若敢懷疑慈禧對皇帝本人以及國家政事所擁有的權威，

70 費行簡，〔慈禧傳信錄〕，引自翦伯贊，〔戊戌變法〕，冊一，頁四六四。

便將違犯「帝制時代儒教」[71]中一項最神聖的信條。因此，慈禧的崇高地位，絕非來自她個人的「才幹能力」，而是皇朝制度中某些根本原則造成的[72]。一方面慈禧個人及其權威是不可違背的，另一方面光緒帝合理的期望又不容忽視，那麼，要處理兩宮之間的誤解與衝突，唯一可行之道便是透過調解來解決這些困難。

當然，並不是只有翁同龢一個人正確地了解這種情況。其他人據稱也贊同調解。比如說，戊戌政變前不久，李提摩太曾向康有爲提出下列問題：「竟不能調和兩宮乎[73]？」〔知新報〕（康黨在澳門的機關報）的編者在一篇題爲「今日之新政必自兩宮諧和始」的文章中表示了相同的看法[74]。戊戌六君子之一的楊銳據說亦曾向光緒帝提出類似的建議說：「太后親契大位授之皇上，皇上宜以孝先天下，遇事將順[75]。」據一項史料指出，光緒帝自己也同意調和是致國家於富強的條件[76]。事實上，他確曾嘗試遵循這一信念去做。戊戌維新的發動沒有隱瞞她，光緒帝在宣佈一

71 理雅各（James Legge）語，用以描述清廷所採行維繫，主要根據朱子學而建立的思想體系。辜鴻銘指出這個思想體系：「根據中國以絕對尊親為首的基本法律，慈禧太后是國母，她在中國政治中的絕對權威是決不容置疑的。」*Papers from a Viceroy's Yamen*, p. 3.

72 Reginald F. Johnson, *Twilight*, pp. 25-32.

73 程濟，「康有為致李提摩太書後記」，引自翦伯贊，〔戊戌變法〕冊一，頁四二一。

74 〔知新報〕，九四號，頁一a—三a（光緒二十五年六月二十一日）。

75 〔清史稿〕，「列傳」，「楊銳傳」，卷二五一，頁四b。

76 惲毓鼎，〔崇陵傳信錄〕，引自翦伯贊，〔戊戌變法〕，冊一，頁四七六及左舜生，〔中國近百年史資料〕，下冊，頁四六二。

項新政之前，必然循例先向她報告。雖然，有時她不同意，便以沉默不語來表示；或者，她會說：「汝但留祖宗神主不燒，辮髮不剪，我便不管。」以表示她有條件的同意[77]。

在一些已知的例子中，大臣們曾盡力促成衆人所期望的調解[78]。王照就是其中之一，他在一八九八年夏維新運動正達高峯時遞上一封奏摺，其中除了其他的事情外，還建議光緒帝應陪侍慈禧太后出洋考察，他指出：

> 自中外交通，我皇太后聽政三十年，憂勞備至，所有變通之端，皇上繼之，實皆由皇太后開之……今者，合萬國之歡心以隆孝養，正宜奉慈駕遊歷鄰邦，藉以考證得失，決定從違。……然後體皇太后之意以變法，善則稱親，以孝治鎮服天下，天下孰敢持異議[79]？

王照在註腳中解釋說，這項提議實際上只是個點綴，他的主要目的是在調和兩宮。王照認爲，由於兩宮的衝突基本上是種權力鬥爭，是以，唯有滿足慈禧的虛榮感與「統制慾」，才有利於改革

---

77 蘇繼祖，〔朝變記聞〕，引自翦伯贊，〔戊戌變法〕冊一，頁三四二。蘇氏同情光緒帝並贊同調解。見前書，冊一，頁三二九—三五五。

78 翰林院編修屠仁守一八八九年奏云：由於兩宮可能的交惡，所有的密奏最好呈給慈禧批可。屠氏因此而被貶。〔清史稿〕，「列傳」，卷二三二，頁三。

79 王照，〔小航文存〕，卷一，「禮部代遞奏稿」，引自翦伯贊，〔戊戌變法〕冊二，頁三五三。

運動的展開[80]。

不過，致力於調解最力的仍是翁同龢。就某些方面來說，他來做這件事具有特別有利的條件。在被罷黜以前，翁氏兼得兩宮的信任。而且，他也有很多理由來做這件事。他像慈禧一樣致力維護傳統的道德價值。我們大可認爲翁同龢「其調和兩宮，以聖孝爲本[81]」。進一步來說，在宦途上，慈禧對他的提拔甚至可能比光緒給他的還多[82]。即使在他宦途的最後數年，每一樣重大的勳賞，也只有在慈禧的知照與同意之下，才會授給他。因此，在一八九七年光緒名義上執掌大政時，仍是在獲得慈禧的首肯後，才授予翁以協辦大學士之銜[83]。

按理，翁同龢必定是暗中默默地從事調解工作的。在一八八六年（這年慈禧宣示歸政之意）與一八九四年（此年光緒與慈禧的關係明顯的惡化）之間，翁同龢的許多舉動顯示，翁曾試圖不讓光緒帝招惹慈禧的疑忌或不快。比如說，翁勸光緒懇請慈禧延緩歸政。光緒從其議，因而有「訓政」時期的產生[84]（一八八六—八）翁或許欲利用此事向慈禧表示，光緒並不急著攬權，而慈

80〈戊戌變法〉，册二，頁三五五。比照王樹枏，〈德宗遺事〉，頁一〇—一三。王照從事另一項企圖。當他聽說袁世凱被皇帝召回京師時，他去見徐致靖，指出：袁出現於北京會「驚駭」西太后，他急草一奏建議派袁氏守歸德，以壓制彼處猖獗的匪亂。此奏在政變前數日上呈。

81 常昭合志，「翁同龢傳」，引自翦伯贊，〈戊戌變法〉册四，頁四七六。

82 Hummel, *Eminent Chinese*, Vol. 2, p. 860.

83 翁同龢，〈日記〉卷三六，頁七三a（光緒二十三年八月十五日）。

84 同上，卷二五，頁四〇、四二（光緒十二年六月十、十一、十四、十六、十七、十八日）。

禧的指導仍是不可缺的。在一八八九年翁同龢或許並未建議光緒懇請慈禧延長訓政[85]，但他卻不斷忠告光緒繼續尊重當時已正式退休的慈禧的旨意。在一八九四年發生了一件明顯的事例，這時光緒帝正面臨著朝鮮危機所造成的嚴重情勢。翁同龢排除衆議，反對光緒帝下詔「罪己」。他指出，這樣作一定會羞辱到慈禧太后。他說：

> 假如土木（指順皇太后之意而構築夏宮事）宦官等事，可臚列乎？抑諱弗著乎？諱則不誠，著則不可[86]。

因此，翁同龢列爲「帝黨」的首腦，雖非全無根據，也不免失之偏頗。假如這種說法是指翁自一八八九年（亦即光緒帝名義上親政以後）以來，一直忠誠地爲光緒帝的旨意効力，倒是眞的。然而，若說翁爲光緒帝盡忠而欲排除太后，則恐非事實。有位中國的史家的說法也許較爲正確，他說翁氏「周旋帝后，同見寵信[87]」。

這並不是說翁要光緒滿足於只是「一個小孩」或者「無足輕重之人[88]」。那樣將使翁變成「后黨」的一分子，而非兩個爭奪帝權者中間的調解人。情勢的必然發展使翁相信忍耐持重的重要，自一八九〇年代末期以來，他便開始秘密地逐步偏袒光緒帝。畢竟慈禧比光緒年長三十歲，

---

85 同上，卷二七，頁四九（光緒十四年六月十九—二十日）。

86 同上，卷三三，頁一二b（光緒二十年十月十三日）。

87 金梁，〔四朝佚聞〕，頁二一。

88 皇帝語，見德齡，*Two Years*, p. 290.

因此，他（光緒）是可以等待的。顯然，最謹愼的作法是避免與慈禧公開決裂，同時並爲光緒帝創造有利的條件，以確保其最後能名副其實的掌握實權。

翁爲光緒掌握實權所做的準備中，主要的辦法似乎是推進行政改革，這可在兩方面對光緒帝有所助益。一方面，可以剷除慈禧治下某些昏庸官僚的既得利益和腐敗作爲，藉而削弱慈禧的權力與影響力；同時光緒帝也會因領導一個公認可促進國家富強的運動而提高其權力和威望。任何一個機智的政客都知道，取得名望的最佳手段之一，是去支助一個值得支助的運動。就翁同龢那時的中國而言，提出一個變法計畫將獲得許多人的支持。更進一步來說，那是一條慈禧也能接受的行動路線。假若擧止得當，將會爲兩宮提供一個共同的目標。因此，在一八八九年新正，「訓政」正式結束時，翁同龢與孫家鼐便把變法思想介紹給了光緒帝，這是幫他獲得聲望的第一項預備工作。光緒帝非常樂於接納這些東西。雖然光緒帝對於「西化」時常表現得過分熱中而無法契合翁氏的溫和思想——翁同龢與慈禧一樣不願見到祖宗牌位被燒燬[89]——但光緒帝的態度使得翁氏在推動變法上得以採取積極的措施。早在一八九四年，可能是由於翁氏的建議，光緒帝開始推動小規模的行政革新，企圖遏阻北京官場中一些惡名昭彰的怠惰或腐敗作風。比如說，在一個月中，有兩名大臣因長期怠職而受罰。有一些大臣因各種罪名而被罷職或降職。光緒帝嚴格命令各部尚書、侍郎每天按時上班。這些措施對付了翁同龢先前所關心的某些敗行。翁非常滿意地

[89] 如翁同龢，〈日記〉，卷二八，頁一七（光緒十年二月十六日），及卷三十，頁六三、頁六六a（光緒十七年十月二十五日及十一月初七日）在後面探討翁與康的關係時，將較全面的分析這個問題。

指出，由於光緒帝的作爲，使得「氣象一振[90]」。

然而，並非事事盡合翁氏的期望。光緒對變法的熱誠超出了翁（與慈禧）所希冀的範疇。如下文將說明的，翁氏招攬爲改革主要助手的康有爲，其所作所爲不但違背了翁的改革思想，也危害到翁的政治利害。翁氏切切實實協助促成的百日維新運動，所造成的衝突與反感，非但不曾緩和兩宮之間原有的緊張關係，反而使之更加惡化。一向受光緒信賴的翁同龢成爲「后黨」攻擊的主要目標；在這緊張的情勢下，他企圖擺脫康有爲，這又使他在變法派的眼中名望掃地。

因此，翁氏欲透過變法來調解兩宮的努力實爲不可能的事。兩宮的失和實是先天的困難情勢所造成的，不管怎樣的政治才幹或手腕，都無法加以消弭。光緒與慈禧的性格與觀念極不相容，任何超越常軌的舉動都可能引起對方的猜忌與敵意。因此，根據某些史料的說法，慈禧會把光緒從事政治改革的決心看做是對她奪權的陰謀狡計，實不足爲奇[91]。那些反變法人士很快地結合在慈禧的四周，爲導致戊戌政變增添了實力。最大的諷刺是：翁同龢這個推動變法以爲光緒帝効勞的人，卻在不知不覺中促成了光緒帝的傾覆。

同樣感到諷刺的是：翁氏與光緒帝之間的友誼[92]居然使他不適於扮演調人的角色。由於他極

---

90 同上，卷三三，頁三b、二〇、二八a（光緒二十年正月初七日、二月二十一日、二十二日及三月初八日）。

91 費行簡，〈慈禧傳信錄〉，引自翦伯贊，〈戊戌變法〉，冊一，頁四六四。

92 如翁同龢，〈日記〉，卷十六，頁八七（光緒三年十月十七日）及卷二六，頁五四a（光緒十五年七月十六日）。比照惲毓鼎，〈崇陵傳信錄〉，引自翦伯贊，〈戊戌變法〉，冊一，頁四七四及左舜生，〈中國近百年史資料〉，冊下，頁四五九。

受光緒信任，自然會被認爲是光緒帝的黨羽。正如某些外國觀察家所說的，他是「中國事實上的皇帝[93]」，而光緒帝當時雖居帝位，本身卻無甚權力。在一八九四年與九八年之間，光緒帝事實上任何重大事情都受到翁氏的指引[94]。光緒帝之所以不顧羣臣的反對，孤注一擲的對日宣戰，翁氏很可能要負主要的責任[95]。在慈禧（及翁的政敵）的眼中，翁對光緒帝的影響力可能太大了些。耐人尋味的是，在甲午戰敗後不到三個月，慈禧下令停止所有帝師的職事；而國學方面的師傅是在光緒帝與翁氏極力懇求之下，才允許在縮減課程的情況下，繼續教讀了一段時間[96]。根據

---

93 T. Richard, *Forty-five Years*, p. 144。引李鴻章對其美籍秘書 Pethick 之語。胡思敬，〔履霜錄〕，云：唯獨恭王可使兩宮的衝突免於惡化到嚴重的情況。一八九八年春，恭王薨，「翁獨持朝政」。恭王的逝世成為兩宮完全決裂的開端。胡對變法派有偏見，上述有關翁的批評不能當真。我們也不能相信胡氏所說，當皇帝去探恭王的病時，恭王曾警告皇帝不要信任「廣東舉人，主變法」的說法。胡氏沒有注意到，恭王死時，康氏已是工部主事（先中了進士）而非舉人了。見翦伯贊，〔戊戌變法〕，册一，頁三五八。

94 翁同龢，〔日記〕，卷三三，頁一〇八b—一〇九a（光緒二十年十月初八日）。

95 翁對自己在甲午戰爭中之角色的自述，見同上，卷三三，頁五〇b。

96 同上，卷三三，頁一二二、一二三a（光緒二十年十一月八、九、十日）；及卷三五，頁五b（光緒二十二年正月十三日）。吳相湘，「翁同龢康有為關係考實」，很正確地指出：梁啓超把此事繫於光緒二十二年六月間而不繫於正月十三日的錯誤。然而，吳氏云翁氏前曾（在康有為的勸告下）請辭毓慶宮差使，「故不能以此歸罪於太后」，則或屬牽強。吳氏的斷語是全靠康氏自編年譜中的一條而下的（見翦伯贊，〔戊戌變法〕册四，頁一三五—六）。康的說法與翁的說法相差極遠，我們沒有理由不做任何解釋而完全忽視翁氏的記述。

某些說法，慈禧的目的是在減少翁氏與光緒帝之間接觸的機會[97]。

慈禧似乎在一八九五年罷黜汪鳴鑾與長麟之後便已對翁氏起了疑心[98]。剛毅堅稱翁氏和汪鳴鑾同屬「帝黨」，並說翁氏是一小撮「反后派」的領袖[99]。這些說法或許無法確切證明[100]。然而，這些說法之所以產生，恰好說明了：儘管翁希望做一個調人，可是他個人的行爲[101]及其與光緒的關係，正好使他成爲黨派疑忌的目標。

光緒的作風並未使情況轉好。相反的，他反而加深了自己與太后間的鴻溝。在一八九四年夏，他開始不先諮詢太后便逕行做了些小決策[102]。對日宣戰這件重大決策並未獲得她的積極支

97 金梁，〈清帝外紀〉，頁一六三。

98 惲毓鼎，〈崇陵傳信錄〉，引自翦伯贊，〈戊戌變法〉，册一，百四七七，及左舜生，〈中國近百年史資料〉，册下，頁四六四。

99 張謇，「觀汪氏所藏翁文恭公與師亭侍郎手札」，引自張孝若，〈傳記〉，頁六五—六六。

100 見上面的討論，參照註八七。很有趣的是，翁氏記載了罷黜汪鳴鑾與長麟之詔諭的要旨，而未予評論。〈日記〉，卷三四，頁一〇七a。

101 例如，翁極力請求皇帝善待安維峻（安氏曾批評慈禧干涉皇帝的執政），雖然他私下也指責安的批評「最悖謬」。〈日記〉，卷三三，頁一三二，（光緒二十年十二月初二日）。

102 例如，〈日記〉，卷三四，頁六〇b（光緒二十一年六月初五日）云：「孫毓汶請開缺，旨允准，本日即下，未請懿旨。」不過，皇帝也徵得慈禧的同意任命了幾位尚書。同上，卷三四，頁六一a。孫毓汶傳略，見〈清史稿〉「列傳」，卷二二三，頁四；Hummel, op. cit., Vol. 2, p. 685.一八九七年，光緒帝做了另一次更嚴重的嘗試。翁同龢，〈日記〉，卷三六，頁一三a（光緒二十三年二月初九日）云：「內監云：今日諭此後遞事無庸至儀鸞殿，未知審的，亦未知何解也！」一日後，翁寫道，那本奏摺仍被送往「東宮」（也就是慈禧處。）（同上引文）。

持。當他表明改變朝廷成法的決心時，（一八九六—七），他進一步的促成了與太后的最後決裂。這些舉動容或未先諮商翁同龢的意見，但若以一八九四年的決定做為一個例證，我們很容易想像到，翁可能也贊同光緒帝的某些行動。畢竟訓政在數年前已結束了，而光緒帝必然也想至少部分地確定他做爲一個全權君主的角色。翁在兩宮之間周旋，他自然希望這兩個爭權者能彼此讓步、互相妥協。同時，他繼續推動變法[103]並在不久後引進康有爲，因而提供了促成戊戌悲劇的最後一個因素。

---

103 翁同龢，〈日記〉，卷三五，頁八五（光緒二十二年九月十三日）指出：在討論改革軍事時，「上詞氣奮發……，此真天下之幸矣！」同上，卷三六，頁一三一a（光緒二十三年十二月二十四日）：「見起，上頗問時事所宜先，並以變法為急，恭邸默然，臣頗有敷對，諸臣亦默然也。」

Bland and Backhouse, *China* p. 185, 亦認為，翁氏並未預見戊戌年不幸的發展：「他的確沒有料想到康有為竟會勸光緒反抗老佛爺，並陰謀不利於其聖躬。」

第四章　翁同龢與康有爲

一　變法觀的異同

現在，我們必須確定翁同龢在戊戌變法中所扮演的角色，並找出促使翁氏被黜的種種原因。最方便的辦法是從他與康有爲的關係入手。這裏出現了兩個問題：其一，在什麼限度下翁接受或支持康的變法論？其二，在促使康成爲變法主持者這方面，翁要負多大的責任？

要回答其中任何一個問題都不是簡單的事。一方面資料缺少，另一方面也由於衆說紛云。有些說法明顯地含有偏見，或者可能染有黨派成見；是以要在這些正反意見中作一衡量是很難的。

不過，上述第一個問題，若比較一下兩人確切可知的觀點，或許可以得到相當正確的解答，康有爲的思想是衆所周知的；翁雖然不曾有系統地記錄他的思想，但他對自己思想的趨向則交代得相當清楚。

我們可以斷言，自一八八九年翁開始灌輸光緒帝變法觀念以來，他大體上同意康有爲必須變法的主張。翁似乎也跟康一樣，相信變法不應止於採用西方器藝，而應「從內政根本起」1，但是兩人的觀點有一重要的差別：康有爲對帝制時代旣定的傳統較不尊重（無論在意理上或制度上），翁則十分接近馮桂芬、陳熾、湯震、張之洞諸人所持的立場。換言之，康不但想利用近代西方的科學、技術，還想利用其政治、敎育乃至社會生活等經驗來改造帝國的制度；而翁則拒絕採用「西藝」以外的東西，西藝只爲補「中學」之不足，而不是改變它。

翁同龢基本上同意馮、陳、湯諸人的見解，這點可從下述事實推斷出來：一八八九年翁把馮

1在某種程度上，兩人在外交關係方面所見亦相近。當德軍強據膠州灣時，康「走告常熟，明英國（譯按：原文為日本）可信」，中國應聯英抗德。而後康草一招促楊深秀上之，將此議建議皇帝。恭王與李鴻章皆反對聯英日，康的建議未被接受。於是，康氏「告常熟謂：俄欲耽耽，諸國並來，吾無以拒之，請盡開沿邊各口與諸國通商，既可藉諸國之力以保境，又可開士民之智識。」翁衷心贊同此議，倡言於總署，而翁的同僚們都一致反對。康有為，〈年譜〉，引自翦伯贊，〈戊戌變法〉，册四，頁一三八—九。

翁同龢，〈日記〉，卷三七，頁二五b（光緒二十四年三月初四日）證實了康的記述。然而，若從這些特殊的例子而遽下結論謂翁氏對康有為「言聽計從」，如吳相湘者，則不免草率。見「翁同龢康有為關係考實」。

的〔校邠廬抗議〕呈獻給光緒[2]，大約五年以後，陳的〔庸書〕、湯的〔危言〕這些內容豐富並特別強調變法的書籍，也都由他介紹給光緒[3]。假若翁不同意這些書裏所陳述的主要觀念，他必不會用這些書來灌輸皇帝有關變法的理論與實際。因此，對這些著作稍加探究，將可提供我們一個可靠的線索來了解翁的思想。

馮桂芬的〔校邠廬抗議〕在一八八四年才全部出版，雖然在此以前，這部書的某些部分早已先行問世。他在書中首先指出，由於西人東來，中國面臨嶄新的局面。因此，中國欲圖生存，必須採用西人的長技。他用一句反語提出他基本的變法理論說：

---

2 翁同龢，〔日記〕，卷二八，頁三b；卷三四，頁二九b。

3 孫家鼐對馮桂芬的〔抗議〕、湯震的〔危言〕亦表興趣。此外，孫氏對鄭觀應的〔盛世危言〕評價亦高，並將其呈給光緒帝（時間待定）。鄭觀應為廣東香山人，為候補道臺。鑒於英法聯軍之役，乃於一八六二年著此書。後來四度重定（一八七一，九三，九六，九九）。翦伯贊，〔戊戌變法〕，收錄部分，乃一八九八年上海版。鄭的一般見解接近馮桂芬與湯震。鄭認為「中學」是「根」，「西學」為「枝」；後者應補足前者而非取代之。西人未聞「大道」，彼所知乃「囿於一偏」。基督教士意圖行善，然其所教之事皆「俚鄙固無足論」。鄭氏以為「西學」本身亦有「體」「用」之別。以學校教育人才，以議會論國政，屬前者；而科技則屬後者。翦伯贊，前引書，冊一，頁四〇—四九。Kuo Sung-ping, "Chinese Reaction to Foreign Encroachment," (doctoral dissertation, 1953), pp. 223-230. 略述了鄭的觀點。Teng and Fairbank, *China's Response*, pp. 113-6，簡單的提及鄭的實業思想。孫家鼐呈獻馮、湯、鄭諸人之著作的奏摺（光緒二十四年五月二十九日）見於翦伯贊，〔戊戌變法〕，冊二，頁四三〇。

如以中國之倫常名教為原本，輔以諸國富强之術，不更善之善者哉[4]？

所以，馮氏改革的最終目標是要使中國達到與列強政治平等的地位，而不是爲了與西方達成文化上的協調而欲改變中國傳統道德與制度。他說：

必求所以如之，……以今論之，約有四端，人無棄才不如夷，地無遺利不如夷，君民不隔不如夷，名實必符不如夷。四者道在反求。惟皇上振刷紀綱，一轉移間耳……

然則有待於夷者，獨船堅礮利一事耳！

接著，馮進一步引用了魏源最有名的口號：「師夷長技以制夷[5]。」無論需要何種行政的、經濟的或軍事的改革，都必須在現存秩序下由中國自己的力量來達成。

無疑的，翁同龢很看重〈校邠廬抗議〉。因爲在他把這本書呈獻給光緒後幾個月，他再度展讀，並很熱切的評論馮的主張「最切時宜」[6]。在一八九八年他對光緒所問有關變法應自變內政始的問題所作的答覆[7]，很可能便是受到馮桂芬的影響。

---

4 馮桂芬，〈校邠廬抗議〉，卷下，「採西學」，部分收譯於 Teng and Fairbank, op. cit., pp. 51–52.

5 同上，「製洋器」，引自 Teng and Fairbank, op. cit., p. 53. 馮氏在此文中回答反對採用「夷」學之論曰：「今之所議，毋乃非聖人之道耶？是不然，夫所謂攘者，必實有所以攘之，……居今日而據六歷以頒朔，修刻漏以稽時，挾弓弩以臨戎，……可乎？……且用其器非用其禮也。」

6 翁同龢，〈日記〉，卷二八，頁九一a（光緒十五年十二月初四，西元一八八九年十二月二十五日）。這部分 Teng and Fairbank 未收譯於其書中，但 So Kwan-wai, *Reform Movement*, pp. 136–7 有其要略。

7 同上，卷三六，頁一三一a（光緒二十三年十二月二十四日，西元一八九八年元月十六日）。

陳熾的〔庸書〕可能成書於甲午戰後不久[8]。陳的變法主張，比馮更進一步，但在一般的立場上，他與馮並無根本差異。陳把「道」與「器」清楚地區分開來，他確信中國在古代兼有二者。由於中國後來單單強調前者，結果把後者失掉了。相反的，西方國家從未擁有眞「道」卻發展了「器」，而「器」乃源出古代中國。中國與西方國家逐漸密切的接觸表示「天將以器還中國，而以道行泰西」[9]。這句話的確實意義便是說中國應保存她的道德傳統（卽儒學），那是永遠眞確而不可改變的；但她同時需要採用那促成西方富強的器藝[10]。樹立了變法的基本原則後，陳進而揭櫫廣泛的變革主張，包括教育、行政、軍事、經濟與外交各方面，這些建議成爲許多戊戌新政的先聲[11]。

---

8 陳熾在官多年，遍遊中國諸海口，包括香港、澳門，廣讀有關「西學」三書。〔庸書〕共八卷一〇一篇文章，收入梁啓超編的〔西政叢書〕，此處所用卽此版。翦伯贊，〔戊戌變法〕，冊一，頁二三一—二四八收錄了十二篇。趙炳麟，〔柏巖文存〕，卷三，有陳熾略傳。

9 〔庸書〕，卷一，「自強」，頁四b。

10 同上，卷八，「審機」，頁五：「泰西之所長者政，中國之所長者教，道與器別，體與用殊，互相觀摩，互資補救。」陳氏繼而貶斥西教，而獨尊儒教。僅強調中國道德的優越，陳並不感滿意。他進而指出，所有西方文化，無論科學的或宗教的，都原自古代中國。見前引書，卷五、「西書」；卷七、「天文」，「格致」，「西醫」；卷八、「教民」；卷十、「聖道」。

11 So Kwan-wai, *Reform Movement*, p. 186. 云：陳熾與康有為有關農、工、商、礦的建議「非常類似」。陳氏這些方面的意見的大旨，特別見於其「續富國策」，收入，梁啓超編，〔西政叢書〕。

湯震的〔危言〕比上述兩書爲短，但在根本上表現了相同的觀點，也涵括了相似的變法論題[12]。湯重覆了類似的論調說，西方政敎大體上根據〔周禮〕而來，而其科技則源自中國先秦諸子如〔管子〕、〔墨子〕和〔淮南子〕等。中國很成功地維繫了「道」（倫理的基本原則）而讓「器」（物質生活的知識與技術）隱晦不彰，遂使西人在這方面獨擅勝場。既然如此，中國人採用「西器」並不可恥，因爲這樣做實際上是把過去傳給西方的事物收回而已。用湯的話來說：「彼既據我所創者以定制，我獨何不能因而革之[13]？」據此，中國的變法應自兩個方面來進行。首先，中國必須放手借用西「器」以使自己近代化，但同時必須堅守固有的「道」。其次，中國必須袪除那些危害其敎育、政治、經濟制度的陳腐、無益或有害的措施。湯明白指出，這並非意味著中國傳統價值應由西方宗敎來取代。相反地，這些價值應予保存；而當中國因實施適當的改革而重獲富強與聲威之時，實現「大同」——亦卽西方改宗儒敎——之路隨之開啓[14]。

---

12 湯震的生平鮮為人所知。他的〔危言〕計四卷四十六篇六章，一八九〇年夏出版於上海。

13 〔危言〕，「中學」、卷一，卷一，頁十a—一二b。

像陳熾一樣，湯氏相信儒家是唯一包含萬有而完美的「教」。然而，他並不主張迫害他「教」（亦卽其他宗教）。他認為容忍天主教、基督教只不過是要允許其他宗教與道教、佛教、回教並行。但是，入外教者要登記，新的寺院，無論是佛、道，都不准設立。他認為這些措施最後將根絕他「教」而獨存儒教。前引書，卷三，頁三二a—三七b。

14 在重訂科舉制度方面，湯比陳激進些，他一方面要加進經濟實務的科目，同時又要保留傳統的科目。〔危言〕，卷一，頁一三a—一七a。湯提出的政府的改革大致上與陳相似：㈠、雇用專業與有經驗的人才；㈡、裁汰冗員、冗職；㈢、立「議院」以溝通君臣之心。前引書，卷一，各處，及卷四，「變法」。

湯氏在戊戌維新派之前提了一個重要的建議，主張大大地簡化禮儀，比如說，廢止「叩頭」。前引書，卷四，頁三七a。

陳與湯的觀點可說是同樣投合了翁的看法。我們也有很充分的理由假定翁同龢也贊同張之洞的一般看法，雖然張氏主要的變法著作〔勸學篇〕遲至戊戌年才出版，而未能對翁的思想產生重大的影響[15]。

有位西方敎士曾說張之洞是個「道地的中國人」，他並以下面這段話來說明他的看法：

對他（指張之洞）來說，沒有一個國家比得上中國，沒有一種民族比得上中國人，沒有一種宗教比得上儒教……他把希望放在兩件事上：亦卽復興儒學並採用西方科技。以舊的為體，新的為用[16]。

這是對張之洞思想非常正確的描述，也是對其「中學爲體，西學爲用」模式的精確說明。因爲根據張的看法，「變法」並非意味著改變中國既有的傳統；實際上是要藉由明智地選擇西方文明中那些確能有效促進西方物質進步與軍事力量的成分，來維護中國傳統。換言之，變法並非邁向西化的一步，而是確保儒家帝國之延續不可或缺的手段。

有趣的是，追隨張之洞多年的辜鴻銘曾把張之洞與李鴻章加以比較，藉以顯示張之洞特有的立場。根據辜鴻銘的分析，兩人的一項基本差異是：張對中國的道德傳統深懷敬意，李則全心全

[15] 張之洞的〔勸學篇〕一八九八年春出版於武昌，其中部分被 Samuel I. Woodbridge 冠以 *China's Only Hope* (New York, 1900) 之名，譯為英文。譯文中有許多錯譯之處。
張的思想大要，見 So Kwan-wai, *Reform Movement*, pp. 280-300 以及 Teng and Fairbank, *China's Response*, pp. 164-174. T. Richard, *Foyty-five Years*, pp. 238-40中記載有關張氏一八九五年對政府改革的觀點。
[16] Griffith John, Introduction to Samuel I. Woodbridge's translation of Chang's *China's Only Hope*, p. 11.

力地關注那些有眼前實利的事物。甲午之敗使張氏相信除非採用「西學」，中國無可保全。但變法的眞正目的是爲了保全儒家傳統，中國全賴這個傳統而「優」於他國。損害或放棄這個傳統是違背變法的本意[17]。

一般而言，這似乎也是翁同龢所持的立場。翁與張同是儒家傳統的產物，皆以此爲傲。因此，對翁而言，「變法」無非是採用某些「外夷」的奇技巧器，藉以捍衞道德優越的中華帝國免於外國的侵略；並刷新行政作爲，以免「西法」之利被腐敗無能的北京官場所扼殺。除了馮桂芬、陳熾、湯震、張之洞等人確認爲有一定限度之效用的成分之外，其文化優越感及排外情緒，使他無法接受西方文明中其他任何有價值的東西。他與一些西方人的交往並未改變他對西方的根本態度。他堅決相信，洋人都是卑劣的，除非他們自己能證明並非如此。

進一步言之，翁與張在思想上也有某些類似。張大體上是個折衷派，並不執著儒家的一門一派[18]。他很尊敬朱子，但這主要是因爲他想維繫現行政權的正統思想，而非追求理念上的純正性[19]。然而，他的折衷思想並未包含公羊思想，他認爲那絕對是反正統而不能接受的。事實上，

17 辜鴻銘，〈張文襄幕府紀聞〉，卷上，頁九a—一〇a。

18 徐世昌，〈清儒學案〉，卷一八七，頁一，指出：張之洞學宗漢宋。〈抱冰堂弟子記〉，頁一四a，亦提到〈勸學篇〉折衷路向。

19 〈勸學篇〉，卷上，頁二九b。此處徵引的並未收入 S. I. Woodbrige 的譯本中。比照：Hellmut Wilhelm, "The Problem of Within and Without," *Journal of the History of Ideas*, XII (Jan. 1951), p. 59。在文中，張氏的觀點與曾國藩的放在一起比較。

由於他如此厭惡公羊思想，以致四十年來他一直排斥它，視其爲「亂臣賊子之資」[20]。就他看來，崇信公羊思想，特別是當代學者所闡釋的公羊學說，不啻是拋棄使中國「優於外夷」的思想傳統。因此，張之洞自然不會與康有爲長期維持親密的關係，因爲康的公羊學說與張認爲是高尚正確的思想系統恰相違背。

在這方面，翁與張的看法極爲相近。翁基本上也是個折衷派，雖然他的折衷思想所包含的成分與張之洞稍有差別。有一點很重要的事應該指出來：與張一樣，翁很尊崇朱子以及朱學爲根本的「皇家儒學」（Imperial Confucianism）。他厭惡康有爲根據其所理解的公羊思想對儒家經典所作的「野狐禪」[21]。

以上所論希望能提供一些有用的線索，以助了解翁同龢的變法觀。不過，除了上述諸人以

20〈抱冰堂弟子記〉，頁二七b；徐世昌，〈清儒學案〉，卷一八七，頁三九b—四二a，張氏糾擧了〈公羊傳〉二十多條文義上的「誤謬」。

21翁同龢，〈日記〉，卷三三，頁四三a（光緒二十年五月初二日）：「看康長素（祖詒，廣東擧人，名士）〈新學偽經考〉，以為劉歆古文無一不偽，……真說經家一野狐也。」佛家以「野狐禪」指異道。Soothill and Hodus, *Dictionary of Chinese Buddhist Terms*, p. 336。吳相湘，「翁同龢康有為關係考實」，對此事有不同的解釋。他引用上文支持他的說法云：「翁對康之說經，雖有非正統之感，然並無惡棄之意。」而其特往答拜，「正以證明翁已賞識其獨立特行的精神了。」我很難同意吳氏觀點，因為若接受吳氏的解釋，則難以闡明為何在一八八八年與一八九八年元月之間，翁氏在日記中很少提到康有為。章炳麟，〈太炎文錄〉，卷二，「與王鶴鳴書」，指出翁同龢與潘祖蔭的觀點都基於公平思想。此說亦非常成問題。

外，還有部分人士對翁有些影響，或者思想與翁相契。宋育仁是其中之一。在宋氏赴歐出任中國駐英法公使館參贊以前，曾將其討論時務的著作拿給翁看。翁曾提到宋氏的意見給他很深刻的印象，但他懷疑宋氏建議「改制度」的可行性[22]。遺憾的是：我們無法斷定宋書的內容如何。不過，宋育仁的改革思想可從其〔泰西各國采風記〕一書中略窺一斑[23]。其主要的一項議論是說：中國必須採用西歐的議會制度。宋氏深信：西方的制度中，議會與學校最爲有用；前者賦予人民表達意願的機會，而後者則訓練學者以領導人民[24]。宋氏承認，由於西方國家缺乏眞正的道德原則與正確的社會人倫觀念，其議會制度也有某些嚴重的缺陷。但是，中國由於有「先聖遺訓」可爲評斷各種意見的正確標準，故議會制度必可運行得很完善[25]。

這裏要指出的是，陳熾與湯震也建議在中國設立議會。但是，他們對議會的觀念與宋氏不同。在這方面，宋氏比他們要激進些。陳熾主張的中國議會是由地方士紳與中央的士紳和部分官吏組成的[26]。湯震的議會則是由不同品級的官僚所組成的兩院制議會[27]。因此，這些人所構想的

22 翁同龢，〔日記〕，卷三三，頁九a（光緒二十年元月二十日）。
23 宋育仁，〔泰西各國采風記〕，收入王錫祺，〔小方壺齋輿地叢鈔再續編〕。宋氏為四川富順人，任駐英法公使館參贊。
24 宋育仁，前引書，頁五b。
25 同上，頁二六—三a，頁五b—六a。
26 〔庸書〕、「鄉官」、「議員」，收入梁啓超，〔西政叢書〕，第二九册，卷一與二七；又見翦伯贊，〔戊戌變法〕，册一，頁二三四—五，二四五—七。
27 〔危言〕，卷一，頁八a—九a。

議會仍是局限在帝國的思想與制度架構裏，充其量也不過是把官吏與士紳共議政事這一舊有慣例加以制度化而已。宋氏則比兩人更進一步。他以爲帝國的「議會」只有由曾在新式學堂受過教育的人組成，才能適當的運作。這項主張的含意非常明顯，他認爲議會與學校構成社會的經緯，因此，基本的教育改革應先於政治革新。這種雙重的改革可能是翁同龢所不贊同的。

李提摩太也提供了一些資料有助於說明翁的變法思想。李提摩太是有名的中國之友，他在一八九五年十二月十六日親晤翁氏之前卽已鼓吹改革[28]。翁氏很感興味地聆聽李氏的提議，但對其意見仍有所保留。他記下李氏談話的要點，並評論道：

> （李云：）「堯舜周孔之道，環地球無以易，……獨養民之政衰，聖人之道將不行。……政有四端：曰教民、曰養民、曰安民、曰新民。教之衞以五常之德，推行於萬國。養則與萬國同其利，斯利大，安者弭兵，新者變法也。變法以興鐵路為第一義，練兵次之。中國需參用西員，並設西學科。」此兩事駁之[29]。

---

[28] Teng and Fairbank, *China's Response*, p. 134.

Timothy Richard 在一八九五年十月十二日曾與孫家鼐約談過，正是李氏與翁會面的十數天前。兩人的約談進行了一個多小時。孫氏告訴李氏說，他曾花兩個多月時間每天侍皇帝讀中譯本，Mackenzie 的「泰西新史要覽」。*Forty-five Years*, pp. 256-7.

翁氏的評論意味著他接受李氏的其他論點。翁氏身爲戶部尚書，自然對財政、經濟的改革深感興趣，特別是金融、路礦、製造諸事。他之積極推動這方面的改革可由下列事實推知：翁個人很注意那些出名的工商專家，其中最獲他信賴的是張謇[30]。翁可能接受了張謇許多有關工業發展的建議[31]。由於翁氏深知北京官場習見的怠惰、腐化作風[32]，他必然了解，若無行政之改革，經

29 翁同龢，〈日記〉，卷三四，頁九〇b—九一a（光緒二十一年九月初九日）。李提摩太對此次約談的記述在某些細節上與翁氏所記頗有不同。Richard, op. cit., p. 256，云：「起先，我指出上帝不偏私任何國家，無論是東方或西方。……之後，我提出中國四點必要做的事：教育改革、經濟革新、內外和平及精神的振興。為了實現這些大政，我建議：㈠皇帝要起用兩個外國顧問；㈡成立一包括八部的內閣，其中一半用滿漢人，另一半用洋人；㈢立即改革幣制並根據健全的基礎建立財政；㈣速即建鐵路、開礦、設工廠；㈤成立教育部以在全國各地引進新學堂；㈥設立報刊，而以具有經驗的外國新聞人才協助中國的編者；㈦成立適當的陸、海軍……翁同龢把這個改革計劃呈給皇帝，並得其首肯。」很難確定到底那一種說法較為正確，但是，有一件事是確定的：翁並未全盤接受李氏的建議。

30 見，翁同龢，〈日記〉，卷三七，五十b、五六b、五七。張謇，〈年譜〉，各處；張孝若，〈傳記〉，散見各處。張孝若指出，張謇與翁同龢交誼甚篤。同時，翁氏也很注意其他精於實業或科技的人，比如說，他個人曾親自考究福建人陸紫綬所發明的紡織機，時在他罷官前數日。〈日記〉，卷三七，頁五七a（光緒二十四年四月十九日）。

31 翁同龢，〈日記〉，卷三三—三七，散見各頁。

32 同上，卷十五，頁一一b，五八b（光緒二年二月初七與六月初四）；卷十七，頁六四a（光緒四年十月十四日）；卷十九，頁八七b（光緒六年十一月二十五日）；卷二二，頁九a、一一二b、一一七a（光緒九年正月十八日、十一月六日、十一月十九日）；卷二七，頁七〇b（光緒十四年九月二十八日）；卷二九，頁六五a—七二a（光緒十六年八月四日及以下）。以上翁氏記下了他的一些觀察。

濟改革不可能成功。一八九八年元月十八日他在答覆光緒的問題時，心中可能已懷著這種想法而回答說：變法應以內政的基本改革爲起點。不過，他只希望掃除朝廷官僚的敗行，並不希望改變朝廷的制度，例如開「議會」、僱用外人、建立新式學堂等等。

因此，有充分的證據可以支持前文提出的論點，亦卽翁氏所構想的改革有其一定限度：他願意在經濟與軍事上使中國現代化，並使朝廷官場獲致相當程度的效率與廉潔，以爲現代化的必要條件；但他反對制度的變革或放棄帝國的傳統價值。他不同意「西化」。換言之，他反對採用造成「外夷」在物質力量上佔絕對優勢的「器用」以外的東西。是以，翁的變法論可謂是「溫和的」，與康有爲之「激進」主張大相逕庭。康有爲提倡對現存制度做更廣泛的變革，並追求更高度的西化。

從一八九八年六月十一日，亦卽清廷正式下詔變法的當日，翁氏對光緒帝所講的一段話，可以澄清他的基本態度。聽到光緒宣佈「今宜專講西學」的聖諭後，翁氏覆奏說：「西法不可不講，聖賢義理之學，尤不可忘[33]。」事實上，由翁氏所草擬的變法詔令——翁當時仍是朝廷重臣——卽表現出這一思想：

> 五帝三王，不相沿襲，譬之冬裘夏葛，勢不兩存。用特明白宣示，嗣後中外大小諸臣，

[33] 同上，卷三七，頁五八（光緒二十四年四月二十三日）翁以下列數語結束此條日記：「退，擬旨一道。」張謇，（年譜），卷下，頁六a，云：「見翁尚書所擬變法諭旨。」張謇所記日期有點小差誤。（或許是翁氏預知皇帝的決定，而在一日前便預草此諭了？）

自王公以及士庶，各宜努力向上，發憤為雄，以聖賢義理之學，植其根本，又須博採西學之切於時務者，實力講求，以救空疏迂謬之弊[34]。

值得指出的是：「聖賢義理之學」這句話同時出現在翁的啓奏與朝廷的詔令裏，這反映出翁的堅決支持帝制中國的道德傳統；儘管翁氏明白希望在財政、軍事及行政事務上進行改革，但這種態度可能使許多人視他爲「保守派」。

無庸贅言，康有爲的立場與翁顯然不同。如吾人卽將指出的，在十九世紀末年，康有爲對國家政事乃至思想意識的看法，都是個「激進派」。當然，其差異大體上是程度上的不同。事實上，兩人在觀點上，特別是變法思想方面有相同的地方。有人曾指出，康的某些變法思想與陳熾〔庸書〕和湯震〔危言〕所提出的主張相脗合[35]。假定翁氏也接受陳、湯二人的某些思想，那麼康與翁在有關變法的若干細節上可能會有共通之處。然而，只要康的思想超越陳、湯的主張之外，只要康有爲表明改變傳統思想與帝國制度的企圖，卽使其自稱這些都是爲了表現「儒學眞傳」或爲了「保國」而提出的，翁都不可能再苟同康氏的思想主張。

---

34 〔實錄〕，卷四八，頁一五b。此詔曾譯於 *North China Herald* 及 Jerome Tobar, *Décrets imperieux* 1898, pp. 1-3. 兩造翻譯都未非常正確。

35 So Kwan-wai, *Reform Movement*, p. 186 指出陳熾與康有為在某些變法思想方面相似。梁啓超一八九七年出版的〔西政叢書〕收有〔庸書〕。從這個事實看來，康氏可能看過陳氏的書並受其影響。湯震與康有為某些觀點的類似也是很明顯的。

前已提及，翁對康的不滿，最重要的表現是在一八九四年翁讀到康氏所著〔新學僞經考〕一書時。此書的要旨，如翁所理解的，有如下述：

（康有為）以為劉歆古文無一不僞，竄亂六經，而鄭康成以下，皆為所惑。

翁批評康的觀點說：

真說經家一野狐也，驚詫不已[36]。

翁的驚異是可以理解的。因爲康氏雖然聲言他對古文經學的無情攻擊是爲了想要棄「僞說」正儒學，但實際上卻攻擊了自明朝以來即爲皇朝正統思想基礎的整個理學傳統。進一步說，他不僅攻擊了朱子學派，實際上也攻擊了所有不遵循公羊學派的儒家學派。這包括了翁同龢及當代絕大部分的學者與官僚。這種攻擊不可能不受注意。翁氏讀了〔僞經考〕一書兩個月以後，就有官員出面彈劾康「詆毀前人，煽惑後進」。這部受到攻擊的書立即被朝廷下令查禁[37]。

翁、康兩人在行政改革的細節上，彼此意見的差異也是很具體的。要全面檢討康的思想有待他日，但在此處先行指出兩人的某些主要差異是很有用的。

---

36 同註21。關於古文經學與劉歆的大概，參見 Fung Yu-lan, *A History of Chinese Philosophy*, English translation by Derk Bodde, Vol. 2, pp. 133-136. 鄭康成（玄，一二七—二〇〇）捲入了與何休的論戰，何氏是公羊派最傑出的代表。〔後漢書〕，中華書局聚珍本，卷六五，頁九b—一四a。

37 〔實錄〕，卷三四四，頁五（光緒二十年七月初四日）；康有為，〔年譜〕，見翦伯贊，〔戊戌變法〕，冊四，頁一二八六：「甲午，七月，給事中余晉珊劾吾惑國誣民，非聖無法……請焚〔新學僞經考〕。」

在一八八八年至一八九八年間康氏多次上書所提的建議中，有三點他一再強調。其一是皇帝應以俄國彼得大帝與日本明治天皇爲榜樣。康在一八八八年秋上光緒帝「第一書」中最早提到日本明治維新的成功[38]。而這也是翁拒絕轉呈光緒的那份上書[39]。在一八九八年初的另一份上書中，康再度強調這個「模仿日本」的提議。在這個文獻裏，康提出三種不同方針，其第一個也是「最上」策是要光緒帝

> 採法俄日，以定國是，以俄國大彼得之心為心法，以日本明治之政為政法而已[40]。

康解釋說，俄國與日本所以能由弱轉強是因「步武泰西」和「變政」而已。而因爲「日本地勢近我，政俗同我」，所以中國模仿日本比學習俄國容易[41]。事實上，在此後的上書及討論俄、日的文章中，康都一再提及這個論點[42]。

38 這本奏摺是一八八八年十一月二十七日上的，許多文集都可找到此摺：〈南海先生上書記〉，卷一；〈皇朝經世文新編〉，卷一，及翦伯贊，〈戊戌變法〉，册二，頁一二三—一三一。

39 翁同龢，〈日記〉，卷二七，頁七六b（光緒十四年十月二十六日，一八八八年十一月二十九日）。

40 這件有時被稱為「第五書」。某些相關的部分見，翦伯贊，〈戊戌變法〉，卷二，頁一九五—六。「心法」是程頤序〈中庸〉時所用的詞。在此處康氏使用這一詞可能會令尊重理學的官僚感到嫌惡。

41 隨康有為論俄國的著作而上呈的奏摺有時稱為「第六書」和「第七書」。兩者都見於，〈戊戌奏稿補錄〉，頁一—八，九—一四。各相關的章節見翦伯贊〈戊戌變法〉，册二，頁一九七，二〇三。

42 關於俄國變法之作是〈俄彼得變政記〉，關於日本者為〈日本明治變政記〉。康氏的「日本改制考序」見於，〈戊戌奏稿補錄〉，頁三a—六a。這兩個書名不知是否係指同一書，或竟是兩本不同的書？

康提議中國變法應取法俄日是有說服力的。事實上，這個提議吸引了許多人，而且顯然包括光緒帝本人。然而，其中有某些含意使得像翁同龢這樣的人無法接受。首先，康對彼得與明治毫無保留的崇拜可能使翁與其他若干人懷疑康要把帝國帶入一個廣泛的西化計畫裏，其中包括急遽的改變現行制度與思想體系。康雖指出日本在文化上與地理上接近中國，但並沒有因而緩和這種疑忌。因爲他希望引爲中國變法典範的日本不是在文化上確實親近中國的傳統日本，而是已大體放棄了這種文化親和性而步武泰西（以康的話來說）的德川時代以後的日本。有人指出：

> 儘管日本人是個島國民族，熱中於維持在民族生活的完整性，但他們對外來的宗教與文化經常保持妥協與同化的態度[43]。

這種態度使日本易於接受十九世紀西方的思想與制度，正如許多世紀以前她容易接受中國的倫理與哲學一般[44]。此大致解釋了何以日本能在短期內完成近代化並變成一個強國。然而，從翁同龢這般人的觀點看來，日本之遽而放棄其一向與帝制中國的文化親和性並進行西化，當然不是他們所喜的。

---

43 Professor Masaharn Anesaki, "Religion in Japan," in Nitobe, *Western Influences in Modern Japan*, p. 102.

44 見，Nitobe 前引書，有關日本近代政府、法制、教育、哲學諸篇。很有趣的是：在中國引起激烈反對的鐵路，傳進日本時，却甚少受到紳民的抗拒。同上，頁三六〇—三七九。

翁不同意光緒帝閱讀黃遵憲的〔日本國志〕[45]，這本書普遍地被認爲是日本史的權威著作，也是有志於洋務者的標準參考書，這件事實可說明翁不贊同「模仿日本」這個想法[46]。他直率地拒絕了光緒帝索取此書的要求——此一揷曲發生在康有爲呈給光緒帝〔俄彼得變政記〕與〔日本明治變政記〕二書後數日[47]。翁不能阻止康之著作進呈光緒帝，但卻以拒絕提供黃氏的書來諷示他反對「學習日本」的變法論。吾人應注意：黃氏曾與康有爲的兩個得意門生梁啓超、譚嗣同合作推動陳寶箴所贊助的湖南新政運動[48]。黃與康的關係（雖是間接的）以及他參加過湖南新政運動，可能是翁氏不願上呈〔日本國志〕的另一原因[49]。

45 黃遵憲一度為駐東京公使館參贊，著有〔日本國志〕。他說：過去數百年，日本曾遣送留學生到外國，學習中國的政制、敎育制度與倫理敎訓。她現在仿效西法，亦以此道出之，見〔日本雜事詩注〕，收入梁啓超，〔西政叢書〕，卷二五，頁九b。

黃氏傳略，見〔清史稿〕，卷四七○及 Hummel, Eminent Chinese, Vol. 1, pp. 356-1.

王先謙（一八四二—一九一八），「日本源流考序」，〔虛受堂文集〕，卷六，頁二九a—三a。王解釋說：日本推行改革，先仿西人。王氏認為，日人盡力模仿西人的衣食住行。

46 胡思敬，〔戊戌履霜錄〕，見翦伯贊，〔戊戌變法〕，卷四，頁八○。

47 翁同龢，〔日記〕，卷三七，頁一○b（光緒二十四年正月二十三日，一八九八年二月十三日）。

48 〔國聞報〕，光緒二十四年四月十四日，見翦伯贊，〔戊戌變法〕，冊四，頁三八三。其中指出：黃遵憲在南學會扮演了積極的角色。南學會是推動湖南新政的主要機構。黃氏是南學會第一次集會時的主講人（一八九八年三月三日）。

49 後來翁的態度很快地溫和下來，他在次日呈送了兩本〔日本國志〕。〔日記〕，卷三七，頁一一a（光緒二十四年元月二十四日，一八九八年二月十四日）。

康比較重視的另一個主張是「變政」。對這一點，翁的密友張謇對康的看法甚爲驚恐，是以當維新變法達到高潮時，張決定離開北京[50]。翁極可能與張同樣感到不安。

康所提倡的政治革新遠遠超越了翁的行政改革想法。在朝廷正式下詔變法以前的數月及其後，這一點愈來愈明顯。一八九八年元月二十四日，康被召往總理衙門，刑部尙書廖壽恒問他：「宜如何變法？」康回答說：「宜變法律、官制爲先[51]。」此後，在一系列前已提及的上書中，康特別強調他心中所設想的法律與制度的改革。他嚴厲地批評現存制度，如他在一八八八年「上清帝第一書」所說的，他認爲這些制度名義上是祖宗遺制，事實上則都是前朝留下的「弊政」[52]。這些制度全是在中國自命爲舉世無二之文明國家的時代中創立發展而成，因此完全建立於內部治安的原則上。政治制度與行政法則主要都是爲了防範變亂而設計。這個目標構成了科舉制度與制衡監察制度——其方法通常是讓數人共佔一缺或者一人身兼數職——的基本根據。由於西人的入侵，情況急遽轉變，內部的治安已非唯一的考慮，結果是帝國的制度變成完全過時之物。根據康的說法，下面這個結果是必然的，他說：「非盡棄舊習，再立堂構，無以滌除舊弊。」這些舊弊

50 張謇，〔年譜〕，下，頁七a。張氏於光緒二十四年六月初七（一八九八年七月二十五日）離開北京。他說，他一再警告康氏不要過於魯莽，但康氏愈來愈積極，愈明目張膽。張謇評之曰：「事固必不成，禍之所屆，亦不可測。」

51 康有爲，〔年譜〕，光緒二十一年正月初三條。見翦伯贊，〔戊戌變法〕，卷四，頁一四〇。

52 見翦伯贊，〔戊戌變法〕，冊二，頁一二八。此卽翁氏拒絕代呈皇帝的那篇。

使中國無力對抗西方列強的侵略[53]。

因此，康之提倡許多有關行政革新的主張，實不足爲奇，而這些主張一旦實現，勢將影響到帝國制度的某些主要部分或其運作原則。在其「上清帝第六書」裏（一八九八年一月二十九日）他提出了一項最重要的建議。他極力主張設立「制度局」，作爲協助光緒帝計畫與決定變法要政的中心機構。爲了執行其所制定的政策，康主張成立十二個行政部門，每一個部門有如歐洲政府內閣的一個部，具有特殊的行政功能，如財政、教育、軍事等等。採行這種行政結構顯然將使軍機處、六部及其他若干朝廷機構失去效用。康唯一沒有觸及的重要機構是總理衙門，讓它依舊存在以處理外交事務[54]。吾人必須指出，康有爲的「制度局」及「十二局」所依據的基本原則是要

[53] 「第三書」，一八九五年六月十一日：見翦伯贊，〔戊戌變法〕，卷二，頁一七七—八。康氏在一次召見時（一八九八年六月十六日）把同一個觀念再度向皇帝提起：「所謂變法者，須自制度、法律先為改定，乃謂之變法。」康有為，〔年譜〕，光緒二十四年四月二十八日條，引自翦伯贊，〔戊戌變法〕，卷四，頁一四五。Teng and Fairbank, *China's Response*, p. 177，選譯了這段談話，惟係譯自：張伯楨，〔南海先生傳〕。

[54] 〔戊戌奏稿補錄〕，頁六a—七a；翦伯贊，〔戊戌變法〕，册二，頁二〇〇—一。此摺大要康有為在 *Contemporary Review*, 七九號，頁一九二—一九五中有扼要說明。在其中，「制度局」被當作「宮中內閣」，其功能是「決定要政」。十二局有如「部」，包括法部、財政部與學部等等。

康有為在另一奏摺中（光緒二十四年五月初一日，一八九八年六月十九日）重新提出有關「制度局」的建議。這件文獻收入，〔戊戌奏稿補錄〕，頁一五—一八。以及翦伯贊，〔戊戌變法〕，册二，頁二一四—七。關於此議的第三篇奏章是在政變前不久呈上的。〔戊戌奏稿〕，頁四六—四八；翦伯贊，〔戊戌變法〕，册二，頁二五一—二。這些都說明了康非常重視制度局這個倡議。

康有為聲稱翁同龢從其主張，「將欲開制度局」並以康主管其事。見〔年譜〕，翦伯贊，〔戊戌變法〕，册四，頁一四一。很難找到直接證據來證實或駁斥此說。從翁氏的思想及其行政革新的觀念看來，他似不可能接受康的建言。在翁氏罷官後，康亦稱得到李鴻章的支持，見翦伯贊，〔戊戌變法〕，册四，頁一四六。此說亦可疑。

透過專業化與專家以達到行政效能，而不是藉制衡以取得安全的舊原則。

康在同一封上書中也提出其他可能使保守官僚爲之震驚，並令翁同龢不悅的提議。康主張引進初級的地方自治與地方代議制度，在每一道成立一個「民政局」、縣成立「民政分局」。知縣仍有聽訟與徵稅權，其他行政事務如教育、公共衞生、農業、警察等權則授予「局」，由地方士紳與政府代表共同合作以實行改革[55]。康在一八九五年的「第四書」裏提出一個更激進的建議，他主張在京師成立「議會」。他認爲西方之所以強盛，其主要原因之一就是因爲有議會制度使人民得以表達願望；他相信議會有助於徵稅、增進公共福利，並防止官僚的腐化[56]。最後，在一八九八年夏，康甚至主張開國會，起草帝國憲法。康有爲認爲議會與立憲政府使西方強盛，而專制則是中國積弱的主因，因此，救國的唯一途徑便是實行「三權分立」，使行政、立法、司法三權不再集中於一人或一機構之手[57]。換言之，康要把過去兩千年以來的帝政制度轉變成西式的「君主立憲」——一種近乎亞里斯多德所謂之眞正「革命」的轉變。這些都是良好的政治理論，其中大部分都已在西方國家實行了。但是就康氏當時一般人普遍的思想格局來看，自然會使一般士大夫震驚不置。康所提倡的「變內政」隱含着對現行制度的全面攻擊，其被視爲完全不能接受是不

55〈戊戌奏稿補錄〉，頁七，及翦伯贊，〈戊戌變法〉，冊二，頁二〇一—二。

56翦伯贊，〈戊戌變法〉，冊二，頁一七六。參照陳熾、湯震、宋育仁對此問題的意見；見同註24—27。

57此奏是康氏為其友濶普武通草擬的。見翦伯贊，〈戊戌變法〉，冊二，頁二六三—四。

值得驚訝的[58]。翁同龢並沒有直接提到他對康氏這些觀念的反應，然而，他之反對宋育仁較爲溫和的建議，正可證實這個推測：他一定會反對康的「制度局」、國會與立憲政體。

康還提出其他同樣激烈的建議，包括在全國各地設立新學堂以介紹西學、改變科舉制度、修改法律、採用西式服飾、斷髮辮（這是滿洲統治的具體象徵）[59]。在法制改革方面，康氏認爲雪除「國恥」——列強在華的治外法權——的唯一途徑是採取羅馬法與英國、法國、德國、美國、日本等國的法律原則，並據以制訂一套新的帝國法典[60]。爲了確保法制改革並妥當實行，康主張由一西人與之共事，「改訂法律和政府各部門組織」[61]。這個觀念使我們想起一八九五年李提摩太所提而未爲翁所接受的兩項建議之一。

所以，這裏可以確切的下個結論說：康有爲所提倡的西化已不止於採用「西藝」，他主張的制度改革也不止於是刷新舊制度，其程度已非任何其他主張變法的主要人物所能匹敵。而康有爲

58 見總署所呈之一奏摺中對於康氏建議的評論。引在光緒二十四年五月二十四日（一八九八年七月十二日）上諭。〔實錄〕，卷四二〇，頁一四a。

59 這些主張是康在此時期各篇章奏中所提的建議。最後一項見於光緒二十四年七月二十四日所上的奏摺（一八九八年九月五日）。

60 「第六書」，收入，〔戊戌奏稿補錄〕，頁六b及翦伯贊，〔戊戌變法〕，冊二，頁二〇〇。

61 "The Crisis in China," Reprinted in *North China Herald.* LXI, 1628 (Oct. 17, 1898), p. 739, from the *China Mail*

所說「宜變法律、官制爲先」及所謂「非盡棄舊習，再立堂構」不能治癒帝國的痼疾[62]，並非空言，而正是表達了他個人的信念，並爲他個人變法工作的指導原則。

這種變法方式必然會與翁同龢有限改革的觀念相衝突。我們當然會懷疑翁同龢是否明白康氏全部的哲學與改革觀念[63]。但無疑的，他對康氏思想的大旨相當熟悉，是以在百日維新開始之前便已決定與康氏分道揚鑣。儘管兩人之間曾經存在着大體上的一致性，這種一致性很快地因兩人學術思想、變法思想與個人性格的極大差異而煙消雲散。像翁這樣一個精明、謹愼、「現實」並深染帝國舊有傳統的官僚，是不可能長期容忍像康氏這種企圖中斷帝國制度之人——康氏所作〔僞經考〕與〔大同書〕[64]，對當時思想界造成強烈影響[65]，康夢想取消家庭、婚姻、私有財產（這些都是中國帝制時代最具特色，雖非最根本的社會制度），甚至讓他的「烏托邦傾

---

62 見同註51、53。

63 康氏某些思想甚至連他最親近的同道都不知曉。梁啓超曾擧出一些康氏蘊藏心底但無機會提倡的構想。見梁啓超，「康有為傳」，〔飲冰室文集〕，卷九；收入，翦伯贊，〔戊戌變法〕，册四，頁三四—五。這篇傳記的英譯曾刊於一九五〇年四月十九日舊金山〔世界日報〕，並在其後的數個星期四連載。

64 Laurence G. Thompson, *Ta T'ung Shu* pp. 7-8，追溯了此書的沿革。

65 梁啓超，〔清代學術概論〕（第八版），頁一二九。

向」[66]發爲「天遊之學」[67]。

翁之不能與康維持一致的看法還有其他的原因。如我們所已見的，翁極力要促成帝后之間的和解。然而，康有爲有點像汪鳴鑾、長麟，偏光緒帝而隨着變法運動的發展對太后漸生敵意，最後甚至視「太后爲變法唯一的障礙」，因此必須除掉，必要時不惜使用暗殺手段[68]。甚至早在戊戌政變以前，康即相信實現變法的希望完全寄託在光緒帝一個人身上。因此，早在一八八八年，康即在「第一書」中坦然指出：「今猶壅噎底滯者，得毋左右皆宦官宮妾，壅塞聰明」，故光緒帝應「愼近習之選」，以佐其改進時局[69]。後來在「第四書」（一八九五年六月三十日）裏，他建議光緒帝採激烈的手段以肅清昏庸無用的官僚（這些官僚都是慈禧所任命與護持的），並「內

---

66 Karl Mannheim, *Ideology and Utopia*, English Trans. 1936, pp. 192–193.
吾人可嘗試把康氏在〔大同書〕裏所提的理想與 Mannheim所謂的「千福年式的烏托邦（Chiliastic Utopia）」相比較；並將其變法論與「自由的烏托邦」相比較。雖然翁同龢接受行政革新與科技更新使他有些近似「自由思想」，然他的變法論或可比照曼罕氏所謂的「保守思想」。

67 〔大同書〕，頁四五三；Thomspson translation, pp. 462.
在此處的「研究」或許與康氏所謂的〔諸天講〕是同一本書。見 Editor's Note, *Ta-t'ung Shu*, p. 6. Teng and Fairbank, op. cit., Research Guide, pp. 17–18，列擧了有關康氏哲學思想與變法思想的一些有用的說法。

68 Marius B. Jansen, *The Japanese and Sun Yat-Sen*, p. 77.

69 翦伯贊，〔戊戌變法〕，册二，頁一三〇。

審安危，斷自聖衷」[70]。而當康明瞭光緒帝並無實權任意行事時，他建議光緒帝儘量運用現有的權力來推動變法所需的事務[71]。

這些話的含義很明顯：康氏希望看到光緒自慈禧手裏取回控制權，承擔起統治的全權。因此，康有爲及其黨徒陰謀不利於慈禧一說並非空穴來風。可了解的，翁也是同意這種說法的人。所以，當翁聽到九月二十日政變的消息時，他很憤慨地罵道：「鼠輩謀逆，陷我聖明，並貽無窮之禍」[72]。不久，翁聽說人家控告他曾極力向皇帝推薦康有爲時，他寫道：假若沒有離開北京，他一定會阻止「此逆」陰謀推翻太后[73]。在百日維新時期卽使翁氏留在北京，是否能使情況改觀自是未知之數。但是，翁氏曾說：儘管康有爲忠於皇帝，但他並不同意康有爲的反慈禧態度。我們沒有理由懷疑翁說這句話的誠意。

我們或許可以這樣推測：假使翁取得了變法的全部領導權（一個被歷史情勢所排除的可能性），他會以不同的態度把它推向一個與康在百日維新期間所走的不同方向。這個推測可從兩件重要文件獲得支持。一個文件是在翁氏仍有影響力時發出的，另一個則是在康有爲統籌全局時發

70 同上，册二，頁一八八。原文是：「惟在皇上內審安危，斷自聖衷而已。」

71 張伯楨，〈南海先生傳〉，頁二六b。

參照：康在〈中國郵報〉的談話（一八九八年十月十七日），收入翦伯贊，〈戊戌變法〉，册三，頁五〇七—九，在其中，康說他曾勸光緒帝：縱使不能罷黜慈禧所任用的大官，但他可任命有才幹且有熱忱的官員。

72 翁同龢，〈日記〉，卷三七，頁九五b（光緒二十四年八月二十三日）。

73 同上，卷三八，頁六六b（光緒二十五年十一月二十一日）。

出的。這兩件文獻分別反映了翁康兩人的兩種變法理論。在一八九八年六月十一日由翁氏起草的「變法詔書」中，光緒帝這樣說：

以聖賢義理之學，植其根本[74]。

在同年九月十二日的另一詔諭（翁離開京師後數日下達），則謂：

國家振興庶政，兼採西法，誠以為民立政，中西所同。而西人考究較勤，故可補我所未及。今士大夫昧於域外之觀者，幾若彼中全無條教，不知西國政治之學，千端萬緒，主於為民開其智慧，裕其身家，其精乃能美人性質，延人壽命[75]。

這裏不可能確切指出這件文件出自何人手筆；但是，如這段話所顯示的，我們自然會認為康有為對這封詔書有其影響。

比較這兩道上諭，顯出兩者的觀點有極大的不同。前一個文件提出的觀點是「西法」應當採取，但不能影響到中國的道德傳統，中國在這方面不僅與西方文明的非物質層面不相同，而且確實較其優越。後一件文獻則以為：中西的基本政治原則並無本質上的差別，因此，變法與其說是採西方科學以補中學之不足，毋寧是把真確而普遍有效的方法和原理付之實踐，這些方法與原理的妥當性早已先在西方國家中獲得證實。這兩種觀點的差別大體上恰與翁同龢與康有為之間立場

74〈實錄〉，卷四一六，頁一五b；見同註33、34。

75同上，卷四二五，頁一三（光緒二十四年七月二十七日，一八九八年九月十二日）。這篇文件譯為英文刊於*North China Herald*；又譯為法文，收在 Tobar, *Décrets imperieux*, p. 53. 兩者都未完全譯得正確。

的差異相對應[76]。

二　翁同龢對康有為的態度

現在我們研究一下本章開頭所提出的第二個問題：翁同龢是否曾向光緒帝極力推薦康有爲，因而成爲促使康有爲步上變法運動領導者地位的主要助力？

這個問題引起學者間很多的爭論，有人把主要責任放在翁的身上，也有人根本否認翁曾推薦康氏。對這個問題可能無法找出一個確定的答案。然而，檢視一下現有的資料會導致一個結論：雖然翁沒有做過任何正式的引薦，但在給康氏機會以獲得光緒帝完全的信任這一點上，他要負主要的責任。

這裏有必要研究一下當時學者的某些說法。康自己跟許多當時的人一樣，指出翁在一八九七年底俄國要求租借旅大時，把他引薦給光緒帝。康說：

方慈禧決定以旅、大予俄，翁同龢知吾言將現，亟薦余予皇帝。監察御史高燮曾、湘撫

---

76 如我們將指出的，康有為和他的同志卽使在百日維新期間亦未壟斷變法工作。體用論仍不斷受到強調。光緒二十四年五月初五日（一八九八年六月二十三日）的廢「八股」詔令便清楚反映出「體用」哲學：「至士子為學，自當以四子六經為根柢，策論與制義，殊流同源，仍不外通經史以達時務，總期體用兼備，人皆勉為通儒。」（「實錄」，卷四一九，頁五b—六a。收譯於 J. Tobar, op., cit., p. 83.

陳寶箴、翰林學士徐致靖、禮部尚書李端棻亦一再推薦。當皇帝問內閣諸人（有關余之才學）。，翁同龢薦云：「彼才過臣百倍。」意欲皇帝擧變法之事以聽77*。

---

77 康有為，*Contemporary Review*，七六號，頁一九〇。

康氏在翁罷官（一八九八年六月十五日）後寫了一首詩，在其自註中，康氏回憶說：「膠變上書不達，……於十一月十九日束裝將歸。先是常熟已力薦於上，至是聞吾決行，凌晨來南海館，吾臥未起，排闥入汗漫舫，留行。」引自翦伯贊，「戊戌變法」，冊四，頁三四二。

兩造說法都指出推薦是在一八九七年冬天。

梁啓超，「政變記」，頁一〇，並未提及上述插曲，但述及總理衙門的會談（一八九八年元月二十四日）及皇帝對「第五書」的反應。根據梁的說法，在此時，「翁同龢復面薦」康有為於光緒帝，並說：「康有為之才過臣百倍」。自那時起，光緒帝「傾心嚮用」康有為，康氏於正月初八日（西曆元月二十九日）呈上其論全面變法計畫的奏摺。換言之，梁啓超把翁氏「勝臣百倍」之說的時間定於元月二十四日與二十九日之間。

Bland and Backhouse, *China*, p. 84 把翁氏的推薦康放在（可能是錯誤的）在數月以後，亦卽，「恭王逝世（一八九八年五月二十九日）以後」。

胡思敬，「履霜錄」，見翦伯贊，「戊戌變法」，冊一，頁三七四。把時間放得更後：「四月，廣東學政張百熙，應召擧有為使才，侍讀學士徐致靖，論薦尤力。上問翁同龢，……遂贊上召有為入對。」

徐致靖上奏的時間是光緒二十四年四月二十五日（一八九八年六月十三日；Hummel, op. cit., Vol. 2, p. 704 則指為六月十一日）。如我們將看到的，胡氏之說與多項已知事實相衝突。

實際的情形可能如下：在一八九八年元月間，翁可能向皇帝稱贊康有為，然而，並沒有做任何特別推薦，要皇帝召見或任用他。或許翁氏相當了解，康氏當時只不過是個工部主事，朝廷成例不允許康氏任何戲劇性的擢昇。一八九八年春，皇帝詢問翁氏有關康氏的才幹，翁氏再度加以推許，他可能建議皇帝予康氏以特別的任命，由於缺乏其他的證據，我們或許可以接受梁啓超的說法：亦卽翁稱贊康的才能勝他百倍的話，是在元月說的。

* 譯註：此段係據英文譯成，未能還原。

康氏這段話是在戊戌政變後一年（一八九九年）寫的，說得並不十分清楚。不過，它卻確實指出在百日維新前的某個時候，翁曾「極力推薦」康有爲給光緒帝——或許是口頭的[78]。而在此同時，其他一些大臣也推薦了康有爲，當光緒詢及康有爲其人時，翁也極力支持這些大臣的推薦。

翁並不是唯一使康有爲獲得光緒帝青睞的人，這點也是很清楚的。除了翁之外，康自己指出四個推薦他的人，但他的名單並不完整。就以目前確可認定的而言，下列諸人在不同的時候曾要求光緒帝起用康有爲：一、高燮曾，二、孫家鼐，三、張百熙（這兩人康未提及）；四、李端棻，五、陳寶箴，六、徐致靖。

在政變後不久，康的一段談話裏曾指出高燮曾是第一個推薦他的人[79]，這顯然意指高是第一個以書面推薦他的人。根據梁啓超的說法，高在讀過康的「上淸帝第五書」後，要求皇帝召見康有爲。恭親王反對逕行召見，建議先由朝廷大臣來諮問康氏。這導致一八九八年元月二十四日有

[78] 如光緒二十四年十月二十一日（一八九八年十二月四日）的「硃諭」所明白指出，翁氏要為推薦康氏負正式的責任。〔實錄〕，卷四三二，頁八a。〔清史列傳〕，卷六三，頁五七b及徐勤，「南海戊戌奏稿序」，頁一a，亦指出翁氏推薦康氏。

近代許多史學家亦持頗似見解，例如：陳恭祿，「甲午戰後庚子亂前中國變法運動之研究」，〔文哲季刊〕，第三卷（一九三三），冊一，頁九〇；宋雲彬，〔康有為〕，pp. 48-49；吳相湘，〔翁同龢康有為關係考實〕。

[79] 康有為，「贈盛伯熙祭酒」註，引自翦伯贊，〔戊戌變法〕，冊四，頁三三七，又見，*North China Herald*, LXI (1898), 1628, p. 738.

名的總署約見[80]。根據陸乃翔的康有爲傳記，高氏是在翁氏訪晤康氏於其客舍並告訴他說他已親自將其推薦給皇帝的那一天（一八九七年十二月十二日）奏薦康氏的[81]。上述這些記載並沒有如我們所希望的那麼清楚精確，但都指出高氏的推薦相當早，可能約略與翁氏同時。

此後，書面的推薦接踵而至。一八九八年初，孫家鼐推薦康有外交使才[82]。同時，廣東學政張百熙推介康有經濟特科及使才[83]。刑部侍郎李端棻在口頭與書面上都推薦康有爲與譚嗣同[84]。湖南巡撫陳寶箴也加入推薦者的行列，並在一封奏摺中建議朝廷注意康的才能[85]。最後，徐致靖在一八九八年六月十三日上奏推薦康有爲（並及黃遵憲、譚嗣同、張元濟和梁啓超等人），助成

---

80 梁啓超，〔政變記〕，頁二。

81 陸乃翔、陸敦騤，〔康南海先生傳〕，頁一〇a。

82 *North China Herald*, Translations of Peking Gazette, 1898, p. 8; 比照：康有為，〔年譜〕，見翦伯贊，〔戊戌變法〕，冊四，頁一五一。

83 康有為，〔年譜〕，見翦伯贊，〔戊戌變法〕，上述引文。

84 趙豐田，「康長素先生年譜稿」，〔史學年報〕，第二卷（一九三四），冊一，頁二〇五；參照：*Contemporary Review*，七六號，頁一九〇，李端棻自請處分「濫保匪人」的奏摺，見朱壽鵬，〔東華續錄〕，卷一四八，頁一五；葉德輝，〔覺迷要錄〕，卷一，頁一二。李被罷官，並放逐新疆。〔實錄〕，卷四二七，頁一二b—一三a，光緒二十四年八月初九日（一八九八年十月四日）上諭。

85 陳氏因「濫保匪人」被懲。他被革職，永不敘用。〔實錄〕，卷四二八，頁一b。

了三日後光緒的召見[86]。

我們不能否認這些書面的保薦對促成康有爲與光緒的親近有實際的貢獻。但也不能低估翁氏口頭保薦的力量——姑不論其確實時間爲何。在造成光緒傾慕康氏以致於在初次召見後即寄予信心這一點上，翁的推薦也可能是決定性的因素。一方面由於翁是最先介紹變法思想給光緒的兩名大臣之一，另方面也由於翁乃是光緒多年的至友，他對康的讚許必然對光緒的態度有重大影響，並予其他官吏所作的推薦相當的助力[87]。因此，翁同龢雖不能算是「戊戌維新派」的一員[88]，但吾人不能否認，在促成康氏驟然以領導變法而揚名上，翁是個很大的助力。當然，孫家鼐也能對光緒造成相同的影響，但他所作的保薦是有限度的，而在那時他也不如翁氏那麼受光緒的信賴。因此，孫的保薦是較爲次要的。這或可大概地解釋爲何康不把孫氏列入推薦他的人的名單之中。

---

86 徐的奏摺見於〈知新報〉（光緒二十四年七月十一日）及葉德輝，〈覺迷要錄〉，卷一，頁七a—一〇a；又見，翦伯贊，〈戊戌變法〉，册二，頁三三五—八。

徐因濫保匪人而獲「永遠監禁」之處分。〈實錄〉，卷四二七，頁一八a，光緒二十四年八月十四日，（一八九八年九月二十九日）上諭。

87 許多學者看出翁氏在這方面的重要性。例如，Wen Ching, *Chinese Crisis* pp. 109-110 強調「翁同龢對皇帝的影響力」；吳相湘，「翁同龢康有為關係考實」指出，若無翁氏最初的面薦，其後徐氏的疏薦，恐怕是難有效果的；宋雲彬，〈康有為〉，頁四四—四九雖未提出證據，也肯定了翁氏的重要角色。

88 王樹枏，〈德宗遺事〉，頁四六。引用了一段王照的口頭陳述。

衆所週知，翁同龢一再否認他曾保薦康有爲給光緒，第一次否認是在一八九八年十月十八日，他寫道：

新聞報等本皆荒謬，今日所刊康逆語，謂余論薦尤奇。想我拒絕，欲傾陷我耶[89]？

一年以後，在一八九九年十二月二十三日，當翁同龢見到朝廷嚴拿康有爲的詔諭中指責翁曾「極薦」康給皇帝時，他在日記中寫道：

伏讀悚惕，竊念康逆進身之日，已（在）微臣去國之後，且屢陳此人居心叵測，臣不敢與往來。上索其書至再至三，卒傳旨由張蔭桓轉索送至軍機處同寮公封遞。上不知書中所言何如也！厥後臣若在列，必不任此逆猖狂至此，而轉因此獲罪，惟有自艾而已[90]。

儘管翁的語氣堅定，他的否認並不符合既有的事實。他在一八九九年的說詞尤其離譜。他雖指出光緒召見康氏係發生在他被黜之後一日，但卻抹殺了一個事實：卽他對康氏卓越才幹的推許促使光緒帝決心召見康氏。他只提醒人們，在他被黜以前不久，曾對康氏表示懷疑，卻未提及兩人曾有過一度親密的過從。如我們現在要指出的，事實是：在一八八八年和一八九八年之間，翁曾數度改變對康的態度。這點是上引翁文所未提及的。他們兩人的關係，開始時翁對康氏冷淡或懷有敵意，繼而是一段誠摯的關係，到最後則是翁氏公開懷疑康氏並與其斷絕來往。翁之所以要否認他對康氏獲得光緒信賴之責任，是不難理解的。因爲康在政變後被官方列爲「叛逆」，單

89 翁同龢，〈日記〉，卷三七，頁一〇〇a，（光緒二十四年九月初四日；一八九八年十月十八日）。

90 同上，卷三八，頁六六a，（光緒二十五年十一月二十一日；一八九九年十二月二十三日）。

是爲了個人安全的考慮，便足以促使翁氏做上述的否認。無論如何，翁同龢對康有爲之態度的改移不定含有複雜的動機，需另加解釋。

簡單地追溯一下這種不穩定關係的發展或許有所裨益。康有爲在一八八八年卽開始致力爭取翁的支持。在那時，他首次把他的觀點向翁氏表白。然而，他發現翁氏既不能接納，且態度極不懇切。那年秋天，他要求與翁面談被拒。約在同時，盛昱要求翁把康的上書轉呈光緒也遭拒絕；根據翁自己的說法，理由是康的言語「太訐直」，呈給皇帝太過輕率[91]。一八九四年夏，翁對康氏有關儒經之「野狐禪」式的解釋深表驚駭[92]。翌春，翁氏拒絕接見梁啓超，明指其爲「康之弟子」[93]。然而，過了不久，翁氏改變了他對康的態度，開始了兩人短暫而貌似親密的關係。這種關係一直延續至一八九八年初幾個月爲止[94]。我們知道，在一八九五年，翁已成爲一個積極推動變法的人，直到一八九八年春，他一直扮演着這個角色。因此，翁與康交好的時期正好是翁積極推動變法的時期，這一點極具意義。但是在一八九八年元月二十四日康出現於總理衙門後，翁開始批評康。他對康氏有關法律與行政革新之主張的簡要批評：「狂甚」一語，自不能算是一種良

91 翁同龢，〈日記〉，卷二七，頁七六b，（光緒十四年十月二十六日）。
康有為，〈年譜〉，見翦伯贊，〈戊戌變法〉，册四，頁一二〇，認為翁氏欲藉此「保全」他。又見，趙豐田，「年譜稿」，〈史學年報〉，卷二，頁一八六。

92 翁同龢，〈日記〉，卷三三，頁四三a，（光緒二十年五月初二日）。

93 同上，卷三四，頁五四a，（光緒二十一年閏五月初十日）。

94 Ho Ping-ti, "Weng Tung-ho and One Hundred Days of Reform", p. 127.

好的反應[95]。現在，翁氏開始撤回他對康及其變法主張的支持了（如上引翁文所說的）。翁之否認薦康，只有這最後一段敵對時期能對翁的說詞給予似乎可信的支持[96]。

問題是，爲何翁在一八九五年及一八九八年兩度改變對康的態度？

關於第一次改變的一個明顯的解釋是：一八九四—五年的危機迫使翁加倍努力從事政治革新，並尋找幹才助他從事此事。早在一八八九年，翁已致力灌輸年輕的光緒以改革思想。儘管翁在此後數年對時務與洋務愈來愈注意，然而，他在這方面的知識太淺，無法提出一個實際的革新計劃。在甲午戰爭期中，他自己承認說他的知識無法滿足光緒的期望：

> 每遞一摺，上必問臣可否，蓋眷倚極重，恨臣才太略太短，無以仰贊也[97]。

因此，翁氏自然需要引進若干具有必要知識和能力的人來幫助他，以彌補他個人的不足。他注意那些精於實務的人，資助那些有前途的年輕學者與官員。例如，除了前文所提及的人物以外，翁氏對張謇特表友善，張後來成爲中國實業界的先驅之一[98]；翁也保薦了端方，端方是個年輕的滿

---

95 翁同龢，〔日記〕，卷三七，頁二b，（光緒二十四年正月初三日；一八九八年元月二十四日）。

96 見張孝若，〔傳記〕，頁六四；陸乃翔等，〔康南海傳〕，頁一四a；李劍農，〔中國近百年政治史〕，頁一八〇。

97 翁同龢，〔日記〕，卷三三，頁一〇八b—一〇九a，（光緒二十年十月初八日；一八九四年十一月五日）。

98 同上，卷三七，頁五六b，五七（光緒二十四年四月十八日及二十日）；張謇，〔年譜〕，下，頁五b—八a；張孝若，〔傳記〕，散見各處。

州官吏，後來曾到外國考察，回國後寫了一本有關歐美政府的書[99]。

在這種情況下，翁氏不難暫時抑制對康氏哲學觀點的反對，而視之爲變法運動的得力助手，因爲康以其熱心變法而廣爲人知。在許多方面，康在諸多提倡變法的人羣中出類拔萃，可望提供有益的觀念以擬訂變法計劃，並在面臨各方的強烈反對之下果敢的支持變法。更進一步說，康的年紀比翁輕，官秩也遠低於翁，不可能對翁的領導權構成挑戰。因此，就翁的觀點來說，康是一項最具希望的資產，可以安心地資助他。如前所述，翁可能懷著這樣的希望：「藉著他對皇帝的影響力，他可成爲領導變法的人，而康則是主要助手。」[100]這樣，他可以不必尋求李鴻章、張之洞諸人的協助或合作。因此，儘管翁氏在許多事情上與康氏並不一致，他仍對皇帝稱讚康有爲卓越的才華[101]。

翁對康的態度由嫌惡轉爲熱絡，尚有其他的理由。朝鮮危機把朝廷大臣區分爲兩派。一派極力主張採取謹慎、妥協的外交政策；另一派則主張對日宣戰。翁是「主戰派」領袖之一，並與李

---

99 翁同龢，〔日記〕，卷三七，頁三a（光緒二十四年正月初五日，一八九八年元月二十六日）。端方是混血的滿人，見〔清史稿〕「列傳」，卷二五六，頁二b—三a，及 Hummel, op. cit., Vol. 2, pp. 780-2。

100 Ho Ping-ti, op. cit., pp. 129-130.

101 我們可以說，翁氏雖「極薦」康有為，但並非毫無保留。翁只盛贊康氏之「才」而未及其「德」與「學」。有些人強調說，翁氏的推薦事實上是有條件的。見劉坤一，「復歐陽潤生書」，〔劉忠誠公遺集〕，書牘十二，轉引自翦伯贊，〔戊戌變法〕，冊二，頁六三三（此信的日期是光緒二十六年七月二十八日，一九〇〇年八月二十二日）以及張孝若，〔傳記〕，頁六四。

鴻章、孫毓汶諸人對立[102]。當中日和談達成初步協議時，孫毓汶贊同立即簽訂和約；而翁則企圖加以拖延。康有爲在一八九五年五月二日聯合當時在京會試的擧人「公車上書」，要求朝廷拒簽和約[103]。這封上書極力反對和談條款（包括翁最爲反對的臺灣割讓）。它強調說：

> 夫言戰者固結民心，力籌大局，可以圖存；言和者解散民體，鼓舞夷心，更速其亡[104]。

這篇上書並未傳到光緒手中，馬關條約簽訂了。但是，翁極可能知道康的作爲，並欣賞康對其「主戰」政策的道義支持。從下述一事實可看出他對康的贊賞程度。康指出，「時翁常熟憾於割臺事，有變法之心」，曾私下造訪康氏，並與之磋商政務。翁首先爲一八八八年未能將康的上書奏呈表示歉意，接著與康氏晤談了數小時，並索讀康「論治之書」[105]。

康氏在那時所作的另一少爲人知之事也有助於化解翁氏原先對他的惡感。在中日和約簽訂後數月，吏部侍郎徐用儀因與孫毓汶、李鴻章聯手反對翁的「主戰」，而被逐出軍機處和總理衙門（一八九五年四月六日）[106]。翁在日記中記云：徐因與孫、李結黨被參劾，光緒在徵得太后同

---

102 《清史稿》「列傳」卷二二三，頁三b；亦見康有爲《年譜》，引自翦伯贊，《戊戌變法》，册四，頁一三a。

103 張伯楨，《南海先生傳》，頁一八a；陸乃翔等著，《康南海先生傳》，頁二六a。上述奏招有時亦稱「第六書」。

104 康有爲，「第二書」，見翦伯贊，《戊戌變法」，册二，頁一三三。

105 康有爲，《年譜》，見翦伯贊，《戊戌變法》，册四，頁一三二。

106 《實錄》，卷三七二；《清史稿》「列傳」，卷二三五，頁一b。

意後解除他這兩項職務。翁並未提及何人參劾徐氏[107]。

康有爲在其年譜中所記的一段文字可補這個缺漏：

時孫毓汶雖去，而徐用儀猶在政府，事事阻擾，恭邸、常熟皆欲去之，欲其自引病，疊經言官奏劾，徐猶戀棧。六月九日草摺，覓戴少懷庶子劾之，戴逡巡不敢上，乃與王幼霞御史鵬運言之，王新入台敢言，十四日上焉。……越日，而徐用儀逐出樞譯兩署焉[108]！

我們自然會對康所說是他促使徐的去職之說法打折扣，然而我們不能否認，卽令康的說辭與事實不全然相副，卻淸楚地表示了在北京的政治舞台上，他願意支持翁氏。

在一八九五年夏，一般的情勢及其個人的作法似乎使康成爲翁氏所歡迎的政治夥伴及變法的得力助手。然而，由於某些尙待澄淸的理由，翁氏在此時仍未準備將康直接引荐給光緒。要到一八九七年膠州灣事件後，他才採取了這一步驟[109]，從而展開一系列的行動，終於導致了百日維

107 翁同龢，〈日記〉，卷三四，頁六二a—六三a，六四a，（光緒二十一年六月十一日，一八九五年八月一日；及光緒二十一年六月十六日，一八九五年八月六日）。

108 康有為，〈年譜〉，見翦伯贊，〈戊戌變法〉，册四，頁一三三；又見張伯楨，〈南海先生傳〉，頁二〇a。有關參劾與罷黜的日期，翁氏與康氏的記載互有出入。翁氏分別定為八月一日和六日，康氏則記為八月四日和五日。翁的日期與〈清實錄〉相副。

109 見本章註77所引康的陳述及趙豐田，「年譜稿」，頁一九四。Bland and Backhouse, *China*, p. 184. 如前所述，認為翁的推薦是在恭王逝世之後（五月二十九日）。這不副合事實；因為五月二十六日時，翁與康的關係已非常惡化了，康氏自己也暗示說翁對他的不滿云：「於時，恭邸薨，……常熟以吾謗鼎沸，亦欲吾去。」康有為，〈年譜〉，引自翦伯贊，〈戊戌變法〉，册四，頁一四三。

新。或許在一八九五年，翁氏自己可能尙未準備公開而積極地推動變法。

翁與康的親密關係並未維持很久。在一八九八年元月至五月間，北京的情勢改變了，翁對康的態度亦隨之而變。促成這種改變的理由之一，可以從審察當時的情況中推測出來。康有爲大膽的觀點以及肆無忌憚的作風引起傳統派人士的疑懼；許多死硬派官僚極力反對變法。翁那時已是人所共知的康有爲之贊助者以及變法的主要推動者，因而迅卽成爲「保守派」的衆矢之的；他的政敵自然樂於攫住這個機會來爲難、打擊他。在五月底，情況變得對翁氏十分不利，許多人接二連三地參劾他[110]。正在這個時候，翁氏開始對帝表示他對康氏的憎惡。一八九八年五月二十六日的一條日記記道：

> 上命臣：康有為所進書，令再寫一份遞進。臣對：與康不往來。上問：何也？對以「此人居心叵測，」曰：前此何以不說？對：臣近見其孔子變制考知之[111]。

110 參劾他的人主要有：于蔭霖，一八九八年四月二十八日；王鵬運，五月二十九日；高燮曾，六月九日。翁同龢，「日記」，卷三七，頁四〇a、五三b、五七b（光緒二十四年閏三月初八日，四月初十日與二十一日）。在五月前的幾個月，情勢變得對康十分不利。康有為，「年譜」，引自翦伯贊，「戊戌變法」，册四，頁一四三。吳相湘，「翁同龢康有為關係考實」，頁七。認為此一轉變發生於三、四月間。

111 翁同龢，「日記」，卷三七，頁五三a，（光緒二十四年四月初七日，一八九八年五月二十六日）。Ho. Ping-ti, op. cit; p. 128 注意到了張孝若，「傳記」，頁六三—六四所錄的張謇的話。這段話證實了翁氏的說法：「光緒帝聽到翁公『此人居心叵測』一句話，就問道：『何謂叵測？』翁公答：『叵測卽不可測也。』」一般來說，「叵測」二字含有中傷的意味，其義近於「叛逆」，見「辭源」。光緒帝顯然被翁的強烈語氣所震怒，故翁馬上改以字面上的意義來回答，以緩和這種緊張狀態。

翁在這條日記的結尾附了一句很有意思的話：「輾轉不成寐」。次日，光緒帝重申其令，翁氏再度同樣回答而引起光緒帝的「發怒詰責」。翁試圖把責件推諉給總理衙門，光緒帝卻堅持翁必須到另一與之交惡的張蔭桓那裏，親飭張氏將此命令轉達給康有為[112]。

翁顯然想要擺脫與康有為的關係，希望緩和其政敵的反對。這是一種卑劣的自保手段。它可能震驚並觸怒了光緒帝，因而確實使翁氏陷入極大的困境——夾在其頑強的政敵之反對與迄今一直信任他的光緒帝的不悅之間。

翁說康氏居心「叵測」是非常有意味的，需要研究一下。翁氏說，他是在閱讀過康氏的〈孔子改制考〉一書後得到這種結論。此書於一八九七年至九八年冬出版於上海，隨即引起廣泛的抨擊，甚至有兩名積極關心變法的大臣也公然明確的加以斥責。一個是陳寶箴，他在六月底七月初上了一個奏摺稱許康有為的學識與才幹，卻又承認〈改制考〉乃是康氏遭謗的根源，陳繼而指出：

> 康有為……見歐洲各國尊崇教皇，執持國政，以為外國強盛之故，實由於此。（他）推崇孔子以為教主，欲與天主耶穌，比權量力，以開民智，行其政教，而不知……（聖人如孔子者）雖有其德，苟無其位，不敢作禮樂焉。歐洲教皇之徒，其後以橫行各國，激成兵禍戰爭至數十年[113]。

---

112 翁同龢，〈日記〉，卷三七，頁五三b，（光緒二十四年四月初八日）。比照：翁對此事的說法。見本章註90。

113 此文件見於葉德輝，〈覺迷要錄〉，卷一，頁一六及翦伯贊，〈戊戌變法〉，冊二，頁三五七—八。有關康氏所謂「孔子是改制王」的論證，見康有為，〈孔子改制考〉，卷八。此書兩度遭禁燬，一次在一八九八年，另一次在一九〇〇年。一九二二年北京曾有重印本。

換言之，陳寶箴認爲康氏把孔子當做「改制者」，背離了學術上對儒家哲學與道德敎條的一般解釋，並隱含著極爲危險的政治涵義。

在陳寶箴呈上這本奏摺不久，孫家鼐也向皇帝提出他對〔孔子改制考〕的看法（七月十七日），他說：

> 臣觀康有為著述，……及孔子改制考第八卷中，孔子制法稱王一篇，雜引讖緯之書，影響附會，必證實孔子改制稱王而後已。……竊恐以此為教，人人存改制之心，人人謂素王可作，是學堂之設，本以教育人才，而轉以蠱惑民志，是導天下於亂也[114]。

孫家鼐似乎也得到同樣的結論：康的〔改制考〕含有危險的涵義。

陳寶箴與孫家鼐指出此書應予反對的論點並主張查禁，其目的可能在使康有爲免遭更嚴重的麻煩，俾能以其才華致力於變法工作[115]。無論如何，情況鬧到必須抨擊其書本身以便保全作者，可見它引起了當時士大夫多大的憎惡。事實上，在陳與孫表達其不滿之前，吏部主事洪嘉與便已指控康有爲欲爲「民主敎皇」，「敎皇」一詞是康氏在其書中所使用的。洪氏事實上指控康氏在惑亂人心。不足爲奇地，洪的指控引發了一連串的參劾，目標對準康氏本人與其「保國會」，此會在一八九八年四月十二日首次集會，但由於遭到激烈抗議，大約在一個月以後便消聲匿跡了[116]。

114 孫的奏摺見於于寶軒，〔蓄艾文編〕，卷七二，頁五及翦伯贊，〔戊戌變法〕，册二，頁四三一。

115 陳寶箴的奏摺見於蘇輿，〔翼教叢編〕（武昌，一八九八），卷二，頁二〇；部分引入 Ho Ping-ti, op. cit., p. 131.

116 康有為，〔年譜〕，見翦伯贊，〔戊戌變法〕，册四，頁一四三云：最初，希望來見康氏的訪客「日數十」，羣集於康氏之房內，使他很難全部接見。但是，一經連續的參劾，「賓客至交，皆避不敢來，門可羅雀，與三月時成兩世界矣！」

翁同龢讀過此書，可能也看過所有這些參奏，包括陳寶箴與孫家鼐的。翁可能像他在一八九四年時讀康的〔新學僞經考〕那般深爲此書所震驚。即令翁氏可以再度撤回他對康氏觀點的反對，但他不可能忽視〔改制考〕的危險涵義及其所引起的思想騷動。爲了表明他的立場，翁惟有擺脫與康的關係117。

另外還有一個理由也促使翁重新考慮他與康的關係，並決定與之決裂。兩人原先對行政革新的必要性有一致的看法，但在康獲得光緒帝的信賴之後，彼此卻對這種改革的方向和範圍迅速發生了歧見。結果，翁曾試圖阻止康的激進思想。例如，翁在六月十一日明白的提醒光緒帝說，雖然採行「西法」是必要的，但更重要的是不能放棄歷代「聖賢遺訓」。他甚至在同日頒布的詔諭裏加入自己有關變法的觀點。

翁在一八九八年元月二十四日參與總理衙門的會談時可能便開始對康的激進思想有所警惕。康自己對這段插曲的描述很值得注意：

> 榮祿曰：「祖宗之法不能變。」我答之曰：「祖宗之法，以治祖宗之地也，今祖宗之地不能守，何有於祖宗之法乎？」……
>
> 廖（壽恒）問宜如何變法？答曰：「宜變法律、官制為先。」
>
> 李（鴻章）曰：「然則六部盡撤，則例盡棄乎？」

117 Ho Ping-ti, op. cit. cit., p. 129 云：「士大夫的反動，……不可能没有在翁的心裡引起反響。」蘇輿，〔翼教叢編〕及葉德輝，〔覺迷要錄〕，收集了一些對康有為及其黨徒的最激烈批評。

答以：「今為列國並立之時，非復一統之世，今之法律官制，皆一統之法，弱亡中國，皆此物也，誠宜盡撤，卽一時不能盡去，亦當斟酌改定，新政乃可推行。」翁問籌款，則答以：「日本之銀行紙幣，法國印花，印度田稅……」並言日本維新，仿效西法，法制甚備，與我相近，最易仿摹。……至昏乃散[118]。

翁同龢對此次約談的評論也值得徵引，他記道：

初三日，傳康有為到署，高談時局，以變法為主，立制度局，新政局，練民兵，開鐵路，廣借洋債數條，狂甚，燈後歸，憤甚，憊甚[119]。

不用說，就當時的標準來說，康在總理衙門的提議激烈得令人震驚，他那種大膽的立場對翁而言是太過火了。翁的行政改革觀點在範圍上遠比康對李鴻章所回答的要小得多。進一步說，即使翁能容忍康的激進思想，他也不能忽視康氏的要求全面政治革新可能激起大部分士大夫的強烈反對，這樣不但會使變法運動遭受危害，連翁氏個人的政治地位也會被斷送。所謂「狂甚」和「憤甚」二語只能解釋爲翁氏對康氏深感不滿的表示[120]。

118 康有為，〈年譜〉，收入翦伯贊，〈戊戌變法〉，册四，頁一四〇。

119 翁同龢，〈日記〉，卷三七，頁二b（光緒二十四年正月初三日）。

120 「狂甚」的「狂」字不一定帶有貶損的意味。孔子曰：「不得中道而行之，必也狂狷乎？」（見〈論語〉XIII, 21，理雅各譯本。）卽使就此意義來說，翁的話也不是毫無保留的贊同康氏在總署的表現。因之，我不敢接受吳相湘的解釋。見「翁同龢康有為關係考實」，頁六。

「憤甚」的確切意義不明。他憤怒的對象是什麼呢？翁氏也許對參與會談的那些大官感到厭惡，因為他們敵視變法；他也可能對他的政敵李鴻章感到憤怒，因為他用了個很技巧的問題，引出了康氏驚人的回答——不分青紅皂白的詆譭皇朝制度；或者他也可能因康氏的反傳統態度而感到憤怒，因為那使翁氏處於一尷尬的地位。

元月二十四日的約談可能是翁康關係的一個轉捩點。自那時起，翁或許發現難以再予康進一步的支持。因爲這樣做，等於把自己跟此一套計畫連在一起，而這套計畫卻是由一個要公然毀棄現有皇朝傳統——慈禧所謂的「燒燬祖宗牌位」——的人所支持的。這與翁的政治安全與個人信念相衝突。翁唯一可行之道是易轍——使康不要太狂妄，或是斷絕與康的關係。翁顯然採取了第二條途徑。翁的死黨暨至友張謇曾對康有爲「竭力勸喩」。當張謇知道康充耳不聞時，便開始疏遠這個毫不妥協的變法派[121]，正如翁氏在不同情況下所做的一般。

促使翁氏改變其對康態度的另一重要因素也不容忽視。當反變法的勢力愈來愈大時，康氏反太后的態度也愈來愈明顯。到翁被黜之時，康或許尚未到達「陰謀不利於慈聖」的地步[122]。但康氏對慈禧的基本態度可能已爲翁氏所知，而多少年來，翁一直在嘗試調和兩宮，康氏想要利用光緒帝來對抗慈禧太后，其危險性是非常大的；卽使值得冒此危險，其所蘊含的意念上的錯誤也非常嚴重。僅僅這個因素就足以使翁同龢與康有爲分手。

個人的猜忌似乎也影響了翁的擺脫康氏。翁對變法的興趣源自他對光緒帝與朝廷的忠誠，但其中不無混雜自私的動機。他希望藉著變法以使國家穩固的努力，能使自己獨步於北京官場，凌駕李鴻章與張之洞而成爲變法的領袖。然而，出乎他預料之外，康有爲幾乎取得皇帝絕對的信

121 Ho Ping-ti, op. cit., p. 129，引張孝若，〔傳記〕，頁六四。

122 Bland and Backhouse, *Chna*, pp. 184–5 云：「翁氏確實料想不到康氏竟會這樣地勸皇帝對抗老佛爺本人，並陰謀不利於慈聖。」

賴。康有爲的「強烈個性」[123]——他那種戰鬥精神與積極態度——曾留予翁氏深刻的印象，因而視其爲變法的得力助手；也就是這種個性終於使康與翁日漸疏遠。翁既不肯把變法的領導權讓給李鴻章或張之洞，自然更不願讓給康有爲。

這種情況可能因翁同龢與張蔭桓關係的惡化而更加嚴重。在一八九五年孫毓汶被逐以後，翁將張蔭桓拉入他的政治夥伴圈裏，欲使其成爲他的助手，然而張氏卻很快地獲得光緒帝過度的信任而使翁深感不快。同時，在百日維新前夕，張蔭桓與康有爲建立了短期的親密關係，兩者都獲得光緒帝的青睞。翁警覺到並採取步驟阻撓進一步的發展[124]。他之突然改變對張、康二人的態度觸怒了光緒帝，並迫使翁同龢給予張蔭桓「強烈的道義支持」[125]，因而使翁氏處於非常難堪的處境（一八九八年六月十二日），在另一個場合（一八九八年五月二十六日）中，光緒又因翁對康氏懷著不友善的態度而表示不悅[126]。

或許翁氏對他與康氏關係的惡化不能負全部責任。康氏咄咄逼人的氣勢可能也助長了關係惡

123 Teng and Fairbank, op. cit. pp. 151-2 云：「在一八九〇年代湧出的林林總總的觀念中，……需要有一個特別強有力的人出來採取明確的立場並承擔起領導的責任。」該書作者認為康有為正是承攬了此一領導地位。

124 金梁，〔四朝佚聞〕，頁二一；比照，Ho Ping-ti, op. cit., p. 132.

125 翁同龢，〔日記〕，卷三七，頁五八b，（光緒二十四年四月二十三日，一八九八年六月十二日）。這一段被引譯於 Ho Ping-ti, op. cit., p. 133. 皇帝利用另一時機為難翁氏。見本章註112。

126 翁同龢，〔日記〕，卷三七，頁五三a，（光緒二十四年四月初七日，一八九八年五月二十六日）。

化。我們有間接的證據可以支持這個推測。根據康氏自己的說法，他熱切希望使自己居於變法運動的優越地位，因而使得孫家鼐從仰慕的好友變成一個氣憤的仇敵。在康有爲與光緒帝接觸以前，孫氏據說曾對一個同事說：

> 今朝士忠肝熱膽而心通時務者，惟康某一人耳。若皇上責我變法，我惟擧康某人，我則安能？

早期這種熱絡迅卽冷卻。當孫家鼐成爲新成立的「京師大學堂」的管學時，他發現梁啓超代康有爲草擬的大學堂章程「以敎權皆屬總敎習，而管學大臣無權」，「於是大怒而相攻」康氏[127]。孫的不滿顯然是因爲他是學堂管學，而康氏卻被荐爲總敎習之故。有趣的是，孫氏早先對康氏的看法與翁氏極力推荐康氏給光緒帝時對康之評價幾無二致。可想而知，翁與孫多年以前曾一齊向光緒帝介紹維新思想，兩人都與康保有一段短暫的友誼，而當康的「強烈個性」吐露鋒芒時，兩人都對他感到失望。

上述的討論都指向一個結論：諸多的因素與複雜的動機促使翁同龢懷疑康有爲，而其目的則在阻擋康的進身之路。因此，翁早在一八八九年卽已推動光緒帝走向變法之途，而結果卻「扮演了變法運動反對者而非領導者的角色[128]。」豈不是一種諷刺。

---

127 康有為，〔年譜〕，見翦伯贊，〔戊戌變法〕，冊四，頁一五一。孫家鼐在京師大學堂的角色，見 Renville C. Lund, "The Imperial University of Peking," doctoral dissertation, University of Washington, 1956.

128 何炳棣語。Ho Ping-ti, op. cit., p. 129.

這種戲劇性的轉變並未造成翁氏個人信念的任何根本變動。翁是個動機複雜的人，他同時關切個人的利益與帝國不穩的前途。他的主要熱望是政治上的成功，最大的雄心則是成爲一個推動政治革新以挽救帝國危亡的政治人物。當他實現雄心的前景看好時，他資助那些有適當條件或者獻身於變法工作的人；但當這個好景失去時，他便迅速易幟。先前促使翁氏稱讚康氏才能卓越的那些條件，在後來卻被他斥爲居心叵測。結果，借用梁啓超的話來說：翁對康的態度是「始信終疑」[129]。其中「信」這個字或許有點過於誇大而失實。因爲，就翁同龢而論，他對康的態度在思想和感情上一直保持著曖昧的態度。把這兩個性格與信念不同的人聯合在一起的是一條不够堅韌的紐帶，當這條紐帶對彼此任一方開始失去效用時，便隨時都會斷裂。因此，翁同龢在一八九八年五月公開指責康有爲似乎並不是自迷夢中驚醒的結果，因爲翁同龢從未被康有爲的哲學思想或個性所展現的力量所迷惑。

[129] 蕭一山，「近代史書史料及其批評」，〔志林〕，第三期（一九四二年元月）。轉引自，吳相湘，「翁同龢康有為關係考實」，頁一二，註2。

第五章　翁同龢的罷黜及其意義

一　罷黜的原因

翁同龢在四十年的北京官場生涯中，經歷了許多政治風暴，然而，他的智慧卻未能使他渡過戊戌年的考驗。在召見康有為的前一日（六月十五日）光緒帝突然下了一道「硃諭」，說：

協辦大學士戶部尚書翁同龢，近來辦事，多未允協，以致衆論不服，屢經有人參奏，且每於召對時，諮詢事件，任意可否，喜怒見於詞色，漸露攬權狂悖情狀，斷難勝樞機之任，本應查明究辦，予以重懲，姑念其在毓慶宮行走有年，不忍遽加嚴譴。翁同龢著即開缺回籍，以示保全[1]。

學者們對於罷黜翁同龢的實際決定者，議論紛紜，說法不一。康有爲與梁啓超把所有的責任都歸諸慈禧[2]。許多觀察家與史學家也都持這種看法[3]。有些人認爲這是由反對變法的人所推動的，另一些人則歸咎於剛毅、榮祿或恭親王[4]。這些看法都暗示光緒是迫於慈禧之命而下此詔諭。

1 「實錄」，卷四一八，頁一八a（光緒二十四年四月二十七日）。翁同龢，「日記」，卷三七，頁六〇a指出這是本「硃諭」。吳相湘，「翁同龢康有為關係考實」，頁一〇云：這篇存檔上諭（故宮博物院文獻館，「上諭檔」第八十三號）有「硃諭」兩字。Tobar, *Décréts* p. 4 有此諭的法譯本。

2 康有為，「年譜」，見翦伯贊，「戊戌變法」，冊四，頁一三六及梁啓超，「政變記」，頁一六。

3 例如，陳恭祿前引文，「文哲季刊」，第三期，頁一八六。前引文云：翁的被逐，「非帝之意，亦非翁氏之所預料者也。」Reginald F. Johnson, *Twilight*, p. 33 云：「慈禧會干預較重要的軍國要事，其最大的預兆是，她要求罷黜翁氏，因為他同情變法。」胡思敬，「履霜錄」，見翦伯贊，「戊戌變法」，冊四，頁七七提出一個不同的解釋。他認為翁的罷官乃因慈禧厭惡翁氏參與排除孫毓汶及徐用儀以及推薦康有為。關於排斥徐用儀，見前章註106—108。

4 葉昌熾，「緣督廬日記」，光緒二十四年四月二十九日條（翁氏罷官後二日寫的）云：其議來自剛毅。費行簡，「慈禧傳信錄」，（翦伯贊，「戊戌變法」，冊一，頁四六四—五）及康有為，「年譜」（翦伯贊，前引書，冊四，頁一三五—六）認為是榮祿。金梁，「四朝佚聞」，頁二一認為：由於翁氏初與恭王相與後改與醇王（恭王的政敵）相結，致使恭王深恨翁氏。恭王在臨死前曾痛心地控訴翁的「居心叵測」。金梁認為這導致翁的罷官。張謇，「年譜」，卷下，頁八a；及陳夔龍，「夢蕉亭雜記」，（見翦伯贊，前引書，冊一，頁四八三）云：戊戌政變過後，翁之所以遭受更重的懲處，是由於剛毅的原因。

其他人的看法則與此不同。他們相信是光緒自己做了此一重大決定，因為翁氏小心謹慎的變法路子與光緒無限的狂熱相衝突，光緒準備擺脫當時也已失去慈禧寵信的翁同龢[5]。

我認為這個說法較近於事實。翁的日記顯示，他雖不反對康氏所領導的變法，但他卻早已不再像他在元月十六日所表現的那樣熱烈的支持變法了[6]。他為變法所做的最後一件重要工作是起草六月十一日的詔諭[7]，在一月十六日和六月十五日之間，他一再招惹光緒的不快，而於五月二十七日他再度貶損康有為時達到高潮[8]。無論是知或不知，翁損壞了多年來他所培養的與光緒之間的信任與融洽的關係。就光緒看來，翁對他不敬是很不好的；但起先鼓勵他變法，讚揚康有為，繼而突然撤回、取消前言，實在令人難以忍受。（硃諭指責翁「任意可否，喜怒見於詞色」

---

5 葉昌熾，〈緣督廬日記〉，（光緒二十四年十月二十二日）。其中追溯翁的罷官是起於翁氏與皇帝間的誤解。張孝若，〈傳記〉，頁六二—六三，認為翁氏那種持重的變法途徑是他被黜的直接原因。陳鍫，前引文，〈燕京學報〉，二五期，頁六六，強調說：翁氏不願支持變法運動及其敵視康有為與張蔭桓是其罷官的原因。Ho Ping-ti, op. cit, pp. 133-4. 說：「假使翁氏支持皇帝所希望的全國性變法運動，他可能不會這麼快被罷官」，翁氏「對康氏與張氏的敵視，使他與皇帝不斷的衝突」。吳相湘，前引文，頁一一，亦認為翁氏對變法那種「持重」的態度才是重要原因。

6 翁同龢，〈日記〉，卷三六，頁一三一a；卷三七，頁三a、一〇a、二二a、五五b、五六a、五七a、五九a。

7 張謇，〈年譜〉，卷下，頁六a。張氏亦指出，他幫助翁氏起草京師大學堂章程。

8 翁同龢，〈日記〉，卷三七，頁六a、一〇b、五二a、五三、五八b，（二月二日、十三日；五月二十三、二十六、二十七日；六月十二日）。

並非虛構之辭）我們已知光緒並非性情溫和的人[9]，便不難想像到：由於一再遭受其師傅所加諸其身的阻撓及激怒的結果，終於激怒他做出這一決定性的舉動。他一舉粉碎了翁的官僚生涯，正如多年前（一八八三年，十二歲）他被另一師傅激怒而摔碎一隻茶杯一樣[10]。假如是這樣的話，那麼光緒帝罷黜翁同龢的決定甚至可能與慈禧太后無關。

硃諭提到別人對翁接二連三的參劾，可能也有助於光緒做此決定，或提供其一個方便的藉口。這些參劾指控翁的種種罪行，是非常有意義的。御史王鵬運的參劾（一八九八年五月二十日）最為嚴厲，他指控翁與張蔭桓同謀索賄。另一御史高燮曾的彈劾（六月九日）指控戶部舞弊。高並未指名道姓的指責翁氏，但顯然主要是對翁而發的[11]。雖然這些「嚴苛」的奏摺並未使翁氏受到任何懲罰，但它們可能對翁的聲望造成惡劣的影響，也可能傷害了光緒對翁的信任。值得注意的是，高燮曾上奏的次日，榮祿被授命為大學士，執掌戶部[12]。

數日以後（六月十四日），另一御史李盛鐸上了一道密奏，敦促光緒對積極支持或阻礙變法的官僚「宜明賞罰」。李舉出湘撫陳寶箴、湖廣總督張之洞、廣東巡撫鹿傳霖均應獎賞，而兩廣總督譚鍾麟則該受罰。同時，李盛鐸的同僚宋伯魯在另一奏摺中也提出大體相同的要求。根據翁

9 見第三章註54—58。

10 翁同龢，〈日記〉，卷二二，頁四七a，（光緒九年五月初二日）。

11 同上，卷三七，頁四〇a、五三b、五七b，（光緒二十四年閏三月初八日，四月初十日及二十一日）。

12 〈實錄〉，卷四一八，頁一五；翁同龢，〈日記〉，卷三七，頁五八a（光緒二十四年四月二十二日）。

的說法，光緒批「此兩件均暫存」[13]。顯然，光緒是要暫緩決定。這些文件有很嚴重的含義，因爲翁在看過這些文件以後深感困擾。下面這一段日記說得很明白：「晴，午後微陰，瞻仰昊天，寸衷如擣[14]。」

這些上奏者個人的背景可提供某些線索來說明翁氏內心苦惱的理由。宋伯魯是個熱烈支持康有爲變法運動的人。百日維新結束後，他當然被撤職查辦。假如他不是避往上海，化裝躲入英國公使館，可能也會遭到與同僚楊深秀同樣的命運[15]。李盛鐸也給康的維新運動以強烈（雖是不穩定）的支持。李的奏摺實際上是康有爲草擬的。康自云：

> 又為御史李盛鐸草譯書、游歷，及明賞罰、辨新舊摺。李上之[16]。

---

13 翁同龢，〈日記〉，卷三七，頁五九，（光緒二十四年四月二十六日）。翁氏只提到這些大臣的姓；在张姓下原注「南皮」。其他人可查考〈清史稿〉，「疆臣表」，卷四與卷八。

14 「昊天」，這辭的意義可查 Matthews, *Chinese-English Dictionary*, p. 2072.

15 梁啓超，〈政變記〉，頁九一云：「（宋伯魯）屢上奏定國是，廢八股，劾奸黨，言諸新政最多。」〈政變記〉，頁二六，梁氏勸宋氏遞一摺主廢八股，同時，自己也上了同樣的一摺。這兩摺導致了六月二十三日的上諭。
翦伯贊，〈戊戌變法〉，册二，頁三四七—五一。收有宋氏的兩摺，日期分別為光緒二十四年五月十二日與二十九日。
胡思敬，〈履霜錄〉（見翦伯贊，前引書，册四，頁八八）記載了宋氏逃往上海的事。

16 康有為，〈年譜〉，見翦伯贊，前引書，册四，頁一四四。翁同龢，〈日記〉，卷三七，頁五九b，亦提到此摺，並記其大要如下：「用人宜慎，能議事未必能辦事。」
梁啓超，〈政變記〉，頁一九云：李盛鐸是參劾保國會的人之一。

第三個上奏的高變曾在一關鍵時刻曾力薦康有爲[17]，而王鵬運位居御史，曾在康有爲的慫恿之下彈劾徐用儀[18]。簡言之，這四人與康氏都有各種不同的關係，也曾與他合作過。我們沒有證據支持康有爲嗾使（或明或暗）他們參劾翁氏的說法。然而，我們可以確切地說，這些人的言論比那些純粹的保守派或者那些頑固的政敵的言論更使翁同龢沮喪。因爲就後者而言，翁雖然不能繼續倚仗慈禧的恩寵（這是其官位的兩個支柱之一），但他仍能依靠光緒的信賴。但就前者來說，當親近康有爲而支持變法的人攻擊他時，他便面臨了兩面的攻擊，而得不到兩宮的保護。李盛鐸與宋伯魯的參劾特別令翁苦惱，是有理由的。在那個時候，「變法」大體上是指康有爲及其同志所支持的計畫。反對康氏及其主張實際上就等於是反對變法。因此，李盛鐸與宋伯魯請求光緒帝別「新舊」、處罰阻撓變法的官吏。他們的奏摺雖只明白提出少數「失職」督撫，但他們暗指可能把所有對康的主張表現不熱心而不稱光緒帝意旨的人一網打盡。翁對康採敵對態度，因此也可能會被指爲「阻撓變法」，並被排除於「新黨」之外，雖然他早期曾致力於推動變法。在李與宋上奏的次日，翁被罷黜，這件事是值得注意的。很有趣的是：翁免職的次日，宋伯魯與楊深秀（康的親近同志，也是戊戌六君子之一）參劾許應騤這個頑固派「阻撓變法」，也導致許的罷

---

17 見第四章註79—81。

18 見第四章註108。王鵬運上了一摺（一八九八年二月十五日）助成了京師大學堂的成立。〈實錄〉，卷四一四，頁一七b，（光緒二十四年正月二十五日）。

職[19]。康有爲的信徒似乎積極致力於排除阻撓新法的人，以爲康的壯志雄圖鋪路。因此，翁同龢這個曾經灌輸光緒帝變法思想、極力協助康有爲成爲光緒帝之變法導師的人，卻成爲第一個主要的犧牲者，與一個極端保守派遭受同一待遇。

一八九八年五月三十日恭親王的逝世對此一情勢可能有關鍵性的影響[20]。恭王對變法的看法較爲溫和[21]，也有足够的聲望能對光緒帝與慈禧太后——前者狂熱地獻身變法，後者則堅決地反對激烈變革——發揮制衡性的影響[22]。恭王在一八六〇年代卽開始參與變革是衆所週知的。一八九八年一月他曾勸阻光緒帝召見康有爲，從這件事可看出他對光緒帝制衡性的影響[23]。因此，恭王的薨逝可能鼓舞光緒帝採取較果敢的變法步驟。有點奇怪的是，翁聽到恭王逝世的消息時，並不感驚訝或憂慮[24]。或許，這位長期、有力的政敵的消逝使翁鬆了一口氣[25]，因爲他曾對翁氏支

---

19 〈實錄〉，卷四一九，頁二b。許氏上了一摺答辯後，未遭被罰。〈實錄〉，卷四一九，頁五a。然而，後來他也隨著整個禮部堂官被逐。（光緒二十四年七月十九日，一八九八年九月四日）；〈實錄〉，卷四二四，頁一七b—一八a，又見翁同龢，〈日記〉，卷三七，頁六〇b，（光緒二十四年四月二十八日）。

20 張謇，〈年譜〉，卷下，頁六a：「恭親王奕訢卒，度朝局將變。」

21 吳相湘，〈晚清宮廷實記〉，頁一二一—一四一，略述了恭王在變法中的角色。

22 Ho Ping-ti, op. cit., p. 132.

23 梁啓超，〈政變記〉，頁一〇。

24 翁同龢，〈日記〉，卷三七，頁五四，（光緒二十四年四月十一日）記載了恭王的逝世及當時的一些事情而未加評論。恭王逝後的第四天，翁氏記道：「退後至館，偃息。」

25 同上，卷三三，頁一二三a，（光緒二十年十一月十日，一八九八年十二月六日），指出：慈禧表示她是由於恭王的建議而決定暫停光緒帝師（包括翁氏）之職務。

持的變法運動表示令人厭惡的冷淡態度[26]。翁可能被他與恭王個人的恩怨所蒙蔽，而沒有認清恭王之死所帶來的危險。不管翁對此事不表關心的理由是什麽，不久之後，他便被情勢所逼而採取了恭王以前曾採用而獲得一時成效的手段，亦即是，阻撓康氏的進陞及其變法計劃。因此，據康的敍述，當康氏欲利用恭王之死而鼓動翁立即發動大規模變法時，翁（此時對康已非常失望了）卻擱置了這個提議，並表示希望康氏離開北京[27]。但是，由於翁同龢沒有恭王的聲望，無法阻止康的升進；反因此而遭罷黜。現在，恭王死了，翁氏又被逐，再也沒有足以有效抑制光緒帝的力量了。自那時起，「維新派」與「保守派」之間，要求變革現存思想與制度者與那些既反對變革又反對採用西方科技者之間便壁壘分明了。兩個陣營間的激烈鬪爭立即展開。維新派獲得了短暫的成功，但不久之後便被聯合在強而有力的慈禧太后手下的反對派所擊敗。

二　對翁同龢的評價

翁同龢藉變法以拯救清廷的雄心之所以無法實現，策略上的錯誤，或許更甚於他在思想上所

26 同上，卷三六，頁一三一a，（光緒二十三年十二月二十四日，一八九八年元月十六日），指出，當翁與光緒帝討論變法時，恭王保持緘默。Wen Ching, *Chinese Crisis* pp. 173-4：「在受翁入值總署後（一八九五年），翁同龢提出改革政府缺點的計畫。榮祿與剛毅取得恭王的合作，中國的改革派實際上無可表現。」

27 康有為，〔年譜〕，見翦伯贊，〔戊戌變法〕，冊四，頁一四三—四。

犯的錯誤。就實際情況來說，翁的思想立場實際上並非不合理。他認爲西法雖應採取，傳統價值亦不容忽視。這種看法是北京及各省許多有影響力的人物所可以接受的，尤其重要的是：卽連慈禧太后亦不致反對。我們雖不苟同最近一位學者所說，認爲在戊戌變法之初，光緒帝與慈禧之間對變法曾經「母子一心」[28]。但我們不能否認，變法運動若無她的知照與同意，是無法展開的[29]；而且光緒帝在徵得她的諒解或同意之前，未曾實行過任何重要措施——尤其是在康有爲成爲變法運動的主要策畫者之前[30]。事實上，兩宮觀點上的根本差異（光緒想推動某種程度的西化，而慈禧則無法容忍傳統成例與制度遭受任何破壞）[31]一直要到康氏取得光緒帝的信賴後才發展開來。從心理上來說，在這個時刻，繼續推動一八六〇年代「自強運動」留傳下來的改革路線——亦卽修明政治而不改變制度——比推展康有爲較具雄心的計劃要容易得多。翁的變法思想實質上與張之洞及其他具類似思想的人相近，在理論上具有與一八九〇年代政治情況相配合的便利。

翁很精明，他看出在策略上必須維持帝后之間的和諧。卽令他個人與光緒帝較親近而且其政

28 吳相湘，「翁同龢康有為關係考實」，頁一〇。

29 翁同龢的日記中不只一次明白的提到此事。如，〔日記〕，卷三七，頁三四，（光緒二十四年三月二十三日）云：「命將康摺並書（〔日本變政記〕，〔各國振興記〕，〔泰西新史攬要〕）及前兩次摺並〔俄彼得變政記〕皆呈慈覽。」

30 如費行簡，〔慈禧傳信錄〕（翦伯贊，前引書，冊一，頁四六四）云：「后嘗告德宗，變法乃素志。」皇帝「乃以馮桂芬〔校邠廬抗議〕進后覽，后亦稱其剴切，第戒毋操之過蹙而已。帝以告同龢，同退告其弟子曰：今而後，法必變矣！」又見金梁，〔四朝佚聞〕，頁五b。

31 見第三章註63。

治前途也愈來愈倚重光緒帝，但他不能忽視慈禧在清廷中不可動搖的地位，而且只要她活著，隨時都可以東山再起。她「垂簾聽政」多年所攫獲的大權，她身爲「太后」所享有的不可爭議的尊榮——這是當時爲人接受的儒家思想所賦予的——包括光緒帝在內任何人要對其權威挑戰，都是不智的。因此，最上之策是尊重她在政府中的崇高地位，不能與她對立。同時，光緒帝若能做些有價值的事，便可逐漸建立自己的權力與威望。他可以等待，畢竟慈禧年紀比他大了四十五歲。翁要調和兩宮，使他們成爲改革的伙伴。這一努力雖有一部分被康有爲的活動所引起的某些出人意外的發展所抵消，但其做法則是當時情勢所認可的。

但是，翁同龢並非一直都很明智。他犯了許多策略上的錯誤，使得他顯然合理的立場變得無法立足。他所犯的最重大錯誤是他不願跟那些在變法觀方面實際上與他相同的人合作。他與李鴻章和張之洞的對立，不但使他失掉許多有潛在力量的支助，而且招來了各方的反對，這些人原是可望合作的。他被政治野心沖昏了頭，他不去爭取那些心態相近而有地位與經驗的同僚的支持，卻要徵召自己的屬下，拉攏一批年齡比他輕、地位比他低的年輕人，藉以確保他在變法運動中的領導地位。他這樣做削弱了變法運動，一方面因爲他在人數上減弱了陣營的實力，另方面也因此在原本支持同一主張的人中間造成了不和。

翁氏隨時依時機的權宜來調整他的個人信念，造成另外一項嚴重錯誤。儘管他對帝制中國的倫理傳統感到驕傲，但他並未經常以儒家信條爲實際行爲的引導[32]。這點可以大致說明：雖然他知道康有爲對儒家經典作非正統的詮釋，會削弱帝制中國道德傳統的基礎，卻又把康推薦給光緒帝。他在一八九八年所說他是讀了〔孔子改制考〕後才發現康氏「居心叵測」，只是一個輭弱的藉口。假如他能更重視傳統的話，他在一八九四年讀〔新學僞經考〕時對康的「野狐禪」就該有足夠的警覺，而不會倚仗康氏爲推動變法的可能助手，以借「西法」來保全中國傳統——這個思想與制度傳統實際上是康所要毀棄的。

翁與康的結合是翁一生所犯代價最高的錯誤。他藉康氏之助力來推動自己的變法運動，後來卻發現康很快的取代了自己而成爲變法的先覺。康很明顯地不尊重翁的有限改革論，也不尊重其變法領導權。他對翁的威脅變得甚至比李鴻章、張之洞更大。尤有甚者，翁嘗試排除康氏，卻反而迅速導致自己的失勢。由於他離開京師，兩宮之間最後一道有效的聯繫隨之消失[33]。此後康有

---

[32] 翁的摯友張謇在翁氏離開北京前，曾引朱熹「答廖子晦」文為翁氏臨別贈言，這時其心中可能就懷此想法。〔年譜〕，卷下，頁六b。

朱熹「答廖子晦（廖德明）」書共有六函，見〔朱子文集〕卷二。張氏所引的可能是最後一書（〔朱子文集〕，卷二，頁三二a—三五b）；文曰：「韓公只於治國平天下處用功，而未嘗就其身心上講究持守耳。」（頁三四）張氏也可能引用了另一段（前引書，頁三四b—三五a）：「韓公本體功夫有欠闕處；如其不然，豈其自無主宰，只被朝廷一貶，異教一言，而便如此失其常度哉？」

[33] 吳相湘，前引文，頁一一。

爲乃得自由行事而把光緒帝導向毀滅之路。由於翁把康推薦給光緒帝，在某種程度上他也要爲這個災難負間接的責任。

値得指出的是，一八九八年十二月四日的詔令對翁的處置，要比六月十五日硃諭中的寬大待遇爲嚴重。此詔強調翁必須爲推薦康氏而負責。詔諭指責翁氏對光緒帝「輔導無方」，說他「但以怡情適性之書畫古玩，不時陳說，未將經史大義，剴切敷陳」，於「主戰主和，信口侈陳」（指甲午戰爭）。光緒帝進一步指責翁說：

今春力陳變法，密保康有為，謂其才勝伊百倍，意在舉國以聽。朕以時局艱難，亟圖自强，於變法一事，不憚屈己以從，乃康有為乘變法之際，陰行其悖逆之謀，是翁同龢濫保匪人，已屬罪不可逭，……前令其開缺回籍，實不足以蔽辜。翁同龢著卽行革職，永不敍用，交地方官嚴加管束[34]。

這個詔諭很有意義，因爲它並不指責翁氏推動變法，卻責其濫保「匪人」。無論事實如何——不管康是否眞的圖謀不利於慈禧——這個罪名一再被用來指控他[35]，並成爲朝廷推翻維新運動、處

34 〔實錄〕，卷四三二，頁八，光緒二十五年十一月十八日（一八九九年十二月三十日）上諭有大體相同的責難，蕭伯贊，〔戊戌變法〕，册二，頁一一五—六。

35 〔實錄〕，卷四二七，頁五〇b—七a，光緒二十四年八月十四日（一八九八年九月二十九日）的上諭。

罰所有曾推薦康有爲的官員（只有一個例外）的主要理由[36]。這個事實爲下列看法提供進一步的支持：就個人利害而論，翁所犯最嚴重的錯誤不在推動變法，而在向光緒帝推薦了康有爲。

三　翁同龢對罷黜的反應

雖然翁同龢否認推薦康有爲之責，但他接受康氏確屬「謀逆」這個判決[37]。他很可能並非只是在傳述官方意見，而確實表達了他自己的情緒。因爲翁氏有很好的理由視康爲「謀逆」。從翁的觀點看來，康除了叛國——公然攻擊傳統思想與制度、對慈禧陰行悖逆之謀——以外，實際上也背叛了翁同龢這個大力促成他攀臨前所未有之高位的人，因爲他把變法推向一個翁不可能走的方向，並且也奪去了翁夢寐以求的變法運動的領導權。

---

36 徐致靖判「永遠監禁」；李端棻革職並流放新疆；陳寶箴革職永不敘用；張百熙革職留住。〈實錄〉，卷四二七，頁八a、一二b—一三a；卷四二八，頁一b、七a，光緒二十四年八月十四、十九、二十一、二十五日的上諭。

高燮曾的命運不詳。

推薦康有為而唯一未獲罪的是孫家鼐。很有意義的是，孫氏像張百熙一樣，只是有限度的推薦康氏。張百熙只受很輕的處罰。

37 翁同龢，〈日記〉，卷三七，頁九五b，（光緒二十四年八月二十三日）及卷三九，頁四三b，（光緒二十八年七月二十九日）。

翁似乎對自己在變法運動中曾經扮過的角色頗感懊悔。政變一年後（一八九九年九月十二日）他在日記中記道：

歸看〔淮南子〕，……是書「精神訓」一篇淺近易行，讀是書而顯違之，不如不讀矣！其言變法而不知何由變，最切於時事[38]！

細心檢視翁提及的這篇文章，並找不出任何與變法直接相關的字句。然而，就翁身爲變法推動者的經驗來看，其中有些字句對翁而言卻特別有意義，例如：

聖人法天順情，不拘於俗，不誘於人。

揚湯止沸，沸乃不止；誠知其本，去火而已矣[39]！

可知，在反省了自己的政治生涯後，翁知道他在一八九〇年代犯了太多過於嚴重的錯誤，而使他無法倖存於北京官場的風暴之下。也許此處所引〔淮南子〕的文句引起他的悔恨：爲了破「俗」（推動變法），他使自己「誘於人」，例如康有爲、張蔭桓、袁世凱等；又因在光緒帝面前攻擊了康有爲，使他犯了揚湯止沸的蠢事。

無論如何，翁顯然並未懷恨光緒帝或慈禧太后[40]。變法以後的歲月裏，在他的日記中有許多

---

38 翁同龢，〔日記〕，卷三三，頁四四b，（光緒二十五年八月初八日，一八九九年九月十二日）。

39 〔淮南子〕，卷七，「精神訓」。Evan Morgan 把淮南子譯爲英文，名爲：*Tao: The Great Luminant*, (Shanghai, Kelly and Walsh, 1934)（著者未見原書）。

40 見，翁同龢，〔日記〕卷三七，頁七七b—七八a，九〇、一〇八b—一〇九a、一一八a及卷四十，頁三五b。

字句表達了他堅貞不移的忠誠，特別是對光緒帝。事實上，一八九九年的某一場合中，他曾因表達對「聖上」的關懷而流淚[41]。在另一個場合，他也表達了他的感激之情，因爲儘管他犯了「罪」，朝廷卻允許他在祖墳之旁安享餘年。然而，翁卻並不全然責備自己。雖然他對推動變法時所犯的策略錯誤深感懊悔，但他並不因勸告光緒帝不可拋棄傳統價值而感到後悔[42]。一八九八年他返回故里不久，於一次祭掃祖墳歸來後，在日記中記道：

又省所以靖獻吾君者，皆堯舜之道，無骫骳之辭，尚不致貽羞先人也[43]。

這令我們想到，翁仍然無法相信，光緒帝選擇康有爲而不選他來做變法的導師，是一明智之舉。至少，翁曾一度表達他對光緒帝的失望。一八九九年十二月三十日的詔諭下令緝捕康有爲、梁啓超，並斥責翁氏「極薦」康有爲[44]。翁讀到這道詔諭後在日記中寫了一篇長長的評論。在回想他曾一再地揭露康的「居心叵測」之後，他強調說：

厥後臣若在列，必不任此逆猖狂至此。轉而因此獲罪[45]。

---

41 張孝若，〈傳記〉，頁四五四—五，引張謇，〈柳西草堂日記〉，光緒二十五年二月初八日。張謇〈柳西草堂日記〉，光緒三十年五月十七日（一九〇四年）云：「抵常熟……見松禪於病榻，頗惓惓於舊恩。」翁於四日後去逝。

42 翁同龢，〈日記〉，卷三七，頁一一七b—一一八a，（光緒二十四年十二月初三日）。

43 同上，卷三七，頁六七b，（光緒二十四年五月二十日）。

44 〈實錄〉，卷四五五，頁七b—一四a。

45 翁同龢，〈日記〉，卷三八，頁六六a，（光緒二十五年十一月二十一日，一八九九年十二月二十三日）己亥。

翁在另一個時候，可能也吐露了他對光緒帝的不滿，雖然其態度是微妙而間接的。在他寫下上面那段話不到兩個月後，他在日記中錄了兩句他在夢中所得詩，詩曰：

掃盡雙蛾渾不解，
向靈和別種織柳[46]。

翁是否以織柳暗指康有爲獲得光緒帝絕對的信任，而把翁爲皇帝所做的種種努力一筆勾銷呢？對於這個問題，我們無法獲得最後的結論。但是，在傳統中國，藉詩或夢的隱喻來表現一些非常敏感而無法公然或直接表達的情感，是種慣見的文學技巧。我們無法不感到這兩句詩確實含有上述的隱喻。

四　溫和改革的繼續

與一般人所相信的恰恰相反，戊戌政變後的反動並未阻止有限現代化運動的繼續進行。梁啓超過分誇大了反變法人物的擧動，自有其故。他列擧了十件反變法事蹟，包括恢復百日維新所取

46 同上，卷三八，頁二b，（光緒二十六年正月初十日，一九〇〇年二月九日）庚子。「靈和」是宮殿名，因其前種有柳樹而聞名。齊武帝（四八三—四九三在位）喜其雅麗，以之比諸前宰相張緒。此後，「靈和織柳」遂成為一文學上的典故，用以比喻寵臣或寵妃。「掃盡雙蛾」是個多少有點陳腐的文學表達方法，其意是培養或運用女性的媚力。

消的冗職、禁止士民上書、停止各省設立學堂以及恢復舊有的科舉考試[47]。他有意無意地忽略了九月二十一日以後朝廷宣佈的各種新政[48]，因此，對當時的情況只作了偏頗的描述。

一八九八年九月二十六日的一道詔書值得在此處一提，因其簡述了一般官方的見解。詔書中首先指出，自來採行「新政」都是爲了適應情勢的需要——「冀爲國家圖富強，爲吾民籌生計」——而不是爲了新奇而欲改變既有制度。詔書繼而指出那些朝廷認爲特別重要的事，其中之一是裁撤冗員，一個月以前裁撤的六部現在恢復了，但各省當局受命繼續裁併冗枝衙門及其他政府機構，並裁減冗員。

另一重要的事是立學堂，詔書中說：

> 大學堂為培植人才之地，除京師及各省會業已次第興辦外，其各府州縣議設之小學堂，著該地方官斟酌情形，聽民自便。

詔書最後大要說明了其他相關的政策，如通商、惠工、重農、修武備、財政等，並宣佈此等政策「卽當切實次第舉行」。但是，百日維新的錯誤顯然亦需糾正。彼時所採新政未嘗不善，但

---

47 梁啓超，「政變記」，頁八七—八九。

48 「實錄」，卷四二六，頁九a—一九a；沈桐生，「光緒政要」，卷三四，頁四六b至卷三六，頁八a。有一八九八年秋至一九〇〇年春的「變法詔諭」。

「總緣有司奉行不善」，結果使人心惑亂以致變法的方向發生了偏差[49]。從邏輯上來說，糾正之法並非放棄改革，而是取消康有爲的激進路線，而改採翁同龢及其他溫和派所主張的改革路線。那時，翁雖在野，但他見此發展或者未嘗不感欣慰。他對朝廷基本政策的解釋值得注意，他認爲朝廷的政策是要「權衡執中，不拘前說」[50]，這個解釋基本上似乎是正確的。

一八九八年十一月三日的另一道詔諭（約在前述詔諭下達後不到兩個月）更有意義。其中指出：

> 從來致治之道，首在破除成見，力戒因循，……蓋立法之初，未嘗不善，迨積久弊深，不得不改絃更張，以為救時之計。然或徒務虛名，不求實際，則立一法又生一弊，於國事仍無裨益，故弊去其太甚，法期於可行。……即如泰西各國，風俗政令，與中國雖有不同，而其兵農工商諸務，類能力致富强，確有明效，苟能擇善而從，次第舉辦，自可日起有功。弟恐淺識之徒，妄生揣測，或疑朝廷蹈常襲故，不復為久遠之謀，實於力精圖治之心，

49 〔實錄〕，卷四二七，頁一a—二b（光緒二十四年八月十一日，一八九八年九月二十六日）。此詔含有這段說明裁撤冗員冗職的話：「而外間不察，遂有以大更制度為請者。」Teng and Fairbank, op. cit., 第二十章，「保守的改革運動」是有關一九〇〇年以後改革運動之發展的有用概述。但是，兩位著者對戊戌政變後「保守改革」的復活（或延續）並未予以足夠的注意。

50 翁同龢，〔日記〕，卷三七，頁九二a（光緒二十四年八月二十四日，一八九八年九月二十七日）。

大相刺謬[51]。

詔諭中所謂「淺識之徒」，指的不外乎那些極端保守的官僚，他們自然希望任何變法的痕跡都隨政變而消逝。他們極力想達成此願望，但是，即使是要求禮部恢復科舉與取消「新學堂」這類提議，慈禧也並不完全聽從反變法人物的意見。「八股文」確實是恢復了，而舊的、皇室認可的教本再度成為有志仕途之學子的官定指南，但他們關閉「學堂」的要求則被明白拒絕。詔令中有關學堂的部分值得一提：

> 書院之設，原以講求實學，並非專尚訓詁詞章。凡天文、輿地、兵法、算學等經世之務，皆儒生分內之事。學堂亦不外乎此。是書院與學堂，名異實同，……不得謂一切有用之學，非書院所當有事也[52]。

儘管在重點上所強調不同，但上文所確定的學堂目標，在本質上與六月十一日翁同龢草擬的變法詔令所確定的一般原則實無不同：

> 以聖賢義理之學，植其根本。又須博採西學之切於時務者，實力講求[53]。

因此，溫和的變法論——援用西方科技來輔助中國傳統而非取而代之——並未隨翁氏的罷官

---

51 〈實錄〉，卷四三一，頁四b—五a（光緒二十四年十月初三日，一八九八年十一月三日）。

52 同上，卷四三〇，頁一九b—二〇b（光緒二十四年九月三十日，一八九八年十一月三日）。*North China Herald*, LXIII, 1682 (Oct. 30, 1899), p. 874 裡的譯文不確。

53 〈實錄〉，卷四一八，頁一五b（光緒二十四年四月二十三日，一八九八年六月十一日）。

而消逝。北京許多先前與翁氏合作或同情他的官僚在翁氏離開京師以後的幾年間，仍被慈禧繼續留任在各種重要的職位上。其中尤値注意的是孫家鼐與王文韶。孫氏當時正爲吏部尙書，領協辦大學士銜，並賦予籌辦京師大學堂之責。王氏則以直隸總督內召，同時受任爲戶部尙書、總理衙門大臣與軍機大臣諸職，塡補了翁氏的遺缺[54]。這些大臣所提的建議中，最有意義的是孫家鼐所提，重印並散發馮桂芬的〔校邠廬抗議〕，俾其作爲變法的基本指針[55]。很有趣的是，孫氏是在一八九八年七月十七日呈上奏摺，恰好是總署拒絕上呈康有爲在「第六書」中草擬的改革計畫後的第四天。我們記得，早在一八八九年孫家鼐與翁同龢就已將馮氏的〔抗議〕推薦給光緒帝了。一八九八年，孫氏再度請求光緒帝加以注意，他顯然希望提醒光緒帝一條孫氏及其他溫和派認爲健全的思想路線，用以消弭康氏灌輸給光緒帝的激進思想。

一方面要克制激進主義，另方面又要對抗極端的保守主義，在這種努力中，孫氏當然不是孤軍奮戰。部分官僚也步其後塵。例如，翰林院詩讀學士黃紹箕在七月二十五日進呈光緒帝多册張之洞所著的〔勸學篇〕，這正是在孫氏呈上其奏摺後數日。結果，這部議論變法的名著被重印並廣泛地分送各省官吏[56]。在百日維新之前及其間，很多人努力要以「中學爲體，西學爲

54〔實錄〕，卷四一九，頁六。

55〔實錄〕卷四二一，頁五b。光緒二十四年五月二十九日的一篇上諭命直隸總督榮祿刻印此書，而其刻版留於天津，並將書送與北京分送有關臣僚。

56〔實錄〕，卷四二一，頁六a（光緒二十四年六月初七日，一八九八年七月二十五日）。黃紹箕的生平所知甚鮮。

用」[57]——這套改革哲學是馮桂芬、張之洞、翁同龢及其他溫和派所服膺的——爲基礎而設計的改革計畫來取代康有爲的變法政策。

如前所述，這套理論曾兩度遭到暫時與部分的打擊，一次是在百日維新期間激進主義如日中天時，另一次是拳亂期間對改革產生激烈反動時。但兩次都很快的復甦。一九〇一年一月二十九日的一道詔諭成爲庚子以後改革運動的主調：

> 世有萬古不變之常經，無一成不變之治法，……蓋不易者，三綱五常，昭然如日星之照世。而可變者，令甲令乙，不妨如琴瑟之改絃。……我朝列祖列宗，因時立制。……大抵法積則弊，法弊則更，要歸於强國利民而已。
>
> 自播遷以來，皇太后宵旰焦勞，朕尤痛自刻責。深念數十年積習相仍，因循粉飾，以致成此大釁。現正議和，一切政事，尤須切實整頓，以期漸圖富强。懿訓以為取外國之長，乃可補中國之短。……自丁戊以還，偽辯縱橫，妄分新舊，康逆之禍，殆更甚於紅拳。……殊不知康逆之談新法，乃亂法也，非變法也。該逆等乘朕躬不豫，潛謀不軌，朕籲懇皇太后訓政。……實則翦除亂逆，皇太后何嘗不許更新；損益科條，朕何嘗概行除舊。……母子一心，臣民共見。……至近之學西法者，語言文字、製造器械而已，此西藝之皮毛，而非西政之本源也。居上寬，臨下簡，言必信，行必果，我往聖之遺訓，卽西人富强之始基。……舍其本源而不學，學其皮毛而又不精，天下安得富强耶？總

---

57 Teng and Fairbank, op. cit., p. 164.

之，法令不更，錮習不破，欲求振作，當議更張[58]。……

詔諭還要所有大臣，不分品秩、無論中央與地方，都要吸取中外各國經驗，就政治、教育、財政及軍事諸事各陳改革之議。

這個詔令眞正帶來了另一次改革運動，它重新提起百日維新的某些主要觀念，當然其中也有很重大的區別[59]。「體用」的改革論在康有爲得勢時暫被擱置（雖未遭公然反對），現在則正式被承認爲改革的主導原則。康有爲對皇朝體系的某些基本特質提出質疑，而拳亂後的改革領袖則視此體系爲當然之物，雖然他們正要對其中某些制度加以修正。這種變革之一是建立一套現代化的學校制度，並擬以之取代舊的「科舉書院」制度[60]。他們解釋道，這項變革以及其他各項制度

58〔實錄〕，卷四七六，頁八（光緒二十六年十二月初十日）。這篇文件的英譯本見於 Percy H. Kent, *The Passing of the Manchu*, pp. 26–29. 譯文有點偏差。

59 Teng and Fairbank, op. cit., p. 196 很簡略的提到此文。最受人注目的對比可能是督辦政務處的成立。這是一九〇一年四月二十一日的一篇上諭下令設立的。其功能是審核針對上述諭旨而呈上的一些建議，並向皇帝進言，以便展開並執行一統合的改革計劃。除了其組成的成員之外，督辦政務處非常像康氏所提的「制度局」。〔實錄〕，卷四八一，頁四b—五a（光緒二十七年三月三日）。

60 最重要的變動是要以新式的學堂制度來取代舊式的「科舉制度」以培植、徵選「人才」。〔實錄〕，卷五二三，頁一九b—二〇b（光緒二十九年十一月二十六日，一九〇四年正月十三日）。逐漸廢止科舉制度的計畫主要是根據張之洞與張百熙的主張。兩人的合奏並未收於〔清實錄〕，但朱壽鵬的〔東華續錄〕（光緒朝）收錄。見〔續錄〕，卷一八四，頁九b—一二b（光緒二十九年十一月初二日）。

的改革，不是僅求模仿西方模式或步武西方原則而已，而是要將「往聖所傳之理，而爲西方各國富強之基者」付諸實踐。這實際上是所謂西學源出中國——一些支持有限度變革的人利用此說一方面堵住反對中國仿效「夷」法的頑固派之口，同時也藉以抵制贊同無限度西化者的主張——或所謂眞理放諸四海皆準，中國不能固守其絕非完美的傳統，這兩種說法的翻版。因此，對西方文明讓步，承認其在科技之外亦有其長處，正可用以支持而非摧毀對中國固有文化優越性的信心。

因此，在庚子以後的改革運動中，張之洞這位「體用論」的主要倡導者再度活躍並造成相當大的影響，其他持有相同主張的官僚如孫家鼐與張百熙等也都嶄露頭角，是不足爲奇的。張之洞成爲改革運動眞正的主要代言人，爲改革計畫提出可能是最有力的辯白及最具體而長遠的建議。他的「采用西法摺」涵蓋了廣泛的實際改革[61]。在一九〇一年夏一封致榮祿的信中，張之洞明白表示自己的立場云：

竊念變法一事，造端宏大，條理繁多，非決計破除常格，終慮牽掣難行。……今日繫屬人心，全賴此變法一舉，海內士民，猶有自強之一日[62]。

慈禧太后本人也支持改革，她的態度比在一八六〇年代或九〇年代積極得多，雖然在這同

61 張之洞，〔全集〕，「奏議」，卷五四，頁一—三六，部分選譯於 Teng and Fairbank, op. cit., pp. 200-5.

62 張之洞，〔全集〕、「書札」，卷二一八，頁三〇，「復榮仲華中堂」，光緒二十七年七月初七日。又見：「張之洞與劉坤一的合奏」。Teng and Fairbank, op. cit., p. 197, pp. 197-200.

時，她附和體用論，而一再反對改變「任何中國習俗，以曲從較不文明的習俗」[63]。一八九八年九月十二日詔諭所表達的中心思想——強調中西爲政之道基本上是相同的——因而在暗中斷然被拋棄。很有意義的是，在一九〇一年某個時候，張之洞利用機會再度譴責康有爲的「邪說」[64]。因爲張氏認爲康氏的說法否定了「皇朝儒學」傳統的眞確性。

因此，我們可以得到一個結論：翁同龢之鼓吹採擷西法而不影響中國道德傳統的改革路線，在庚子以後的發展中獲得了思想上的支持。然而，這也更加顯示了翁氏排斥有相似改革思想的官僚，而依賴一個在思想上顯然相差極遠的人，所犯的策略錯誤。當然，我們也可假定，卽令翁氏與張之洞之類的人合作，他也可能無法發展出一套成功的變法計畫；但不可否認的是，由於他支持康有爲並且排斥張之洞，而使得自己的有限改革運動受到傷害。早從一八九〇年代早期開始，光緒帝卽已對西方文明中非物質的層面表示贊賞的傾向——這種傾向使翁深感不安。翁氏實不該無知到把康有爲這種具有相同傾向的人引薦給光緒帝。

清室並未輕易地寬恕翁氏的錯誤。直到翁氏去逝前數日，他一直想獲得「寬典」而未果（一九〇四年朝廷曾開復戊戌年間被撤免的其他官吏）[65]。直到一九〇九年，他才獲得官方的赦免，

---

63 德齡，*Two Years*, p. 323.

Meribeth E. Cameron, *The Reform Movement*, 第三—九章描述了一九〇〇年—一九〇八年間她所謂的「慈禧轉趨」改革。

64 張之洞，〔全集〕，「奏議」，卷五四，頁三一。收譯於 Teng and Fairbank, op. cit., p. 205.

65 翁同龢，〔日記〕卷四十，頁三五b，（光緒三十年五月十一日），甲辰。在寫此條後十天，翁便逝世了。

而此時光緒帝、太后及翁氏本人都已作古[66]。光緒帝對自己在戊戌年的作爲雖覺頹喪但並不懊悔，他似乎一直不相信翁氏改革思想的正確性。在一九〇三年，他說：

> 我有很多發展這個國家的想法，但……由於我不能自主，以致無法實現。我不以為太后有足夠的力量來改變中國的現狀。即使有，她也不願這麼做。想要改革恐怕還需要很長的時間[67]。

如以後事實所顯示的，光緒帝對改革的悲觀看法並非全無根據。十九世紀末、廿世紀初的政治情況，排除了藉變法以救國的可能性。不僅康有爲激烈的變法不可能，卽連翁同龢、張之洞等溫和派所鼓吹的有限改革亦屬不可能。皇朝體系——充斥着個人恩怨與黨派衝突、苦於行政的無能與腐敗，加上接踵而至的內憂外患，——正一步步的走向崩潰的末路。它無法提供有利的條件來完成任何對自身有積極利益的事；變法這劑特效藥無補於垂死的王朝。改革者本身從各方面看來都是傑出的人物，但他們無法超越他們所要改變的環境所給予他們的限制。他們之間勾心鬪角，抵消了他們的努力，並爲其行爲帶來汚點與懷疑。一個高貴的理想注定要變成爲一個失落的目標。卡爾・貝克或許是對的，他說：「歷史是一道具有嘲諷性的舊難題」，它瓦解了許多人遠

66〔清史稿〕「列傳」，卷二二三，頁四a。翁死後官位官銜都恢復了，並被諡為「文恭」。

67德齡，*Two Years*, pp. 290–1。

大的抱負[68]。

上述的考證提供了一個很好的基線，可藉以評斷康有爲和翁同龢兩位變法領導者各自扮演的角色。兩人都希望挽救帝國以免遭列強「瓜分」。他們兩人對採用何種適當改革方式以達成上述目標，有不同的觀點。翁同龢希望在傳統的基礎上引入西方科技，刷新政府行政，但同時又想使帝國的思想、制度結構維持不變。相反的，康有爲企圖根據他所了解的現代文明來重新闡釋中國傳統，並根據那種闡釋來改變現存的思想、行政制度。就思想方面來說，康有爲的立場確實是革命性的，它隱含着要急遽變革皇朝制度。康氏很了不起，他正確的看出，大部分已過時了的現存傳統應急遽地加以重建。但是，他並沒有看出，那樣做會造成皇朝制度本身的毀滅。他根本不曾想到這個問題：是否可能藉由拋棄王朝的某些基本特徵，而來挽救王朝（這是他所企圖達成的）？換言之，他沒有想到，他在總署約談時所勇敢批評的，使現存思想與制度失靈無用的種種情勢，早已摧毀了皇朝體系的存在基礎，而這個體系卻是他所要挽救的。

當然，有人或許會辯說，翁同龢、張之洞等人所贊同的有限改革運動比康氏較爲激進的變法易於實現——康的變法對於一八九八年的歷史環境而言，太過激進了。康氏對皇朝傳統的全面攻擊引起大多數士大夫的恐懼與怨恨。在當時的局勢下，士大夫的勢力能輕易地瓦解康有爲的努

[68] Carl Becker, A letter to Louis Gottschalk, Dec. 26, 1938, Quoted in Charlotte W. Smith, *Carl Becker*, p. 209.

力，因此，正如太平天國諸領袖打擊士大夫及其所珍視者，因而引發一股不可抵禦的社會與思想力量，終於毀滅了太平天國；康有爲攻擊傳統士大夫階層以及使此階層產生並繼續存在的種種事物，終於使得戊戌變法遭致相同的命運。不過，這個論點雖言之成理，但對皇朝制度之終究墮落到不可收拾的地步，而終由革命運動（當變法派徒然爲其目標奮鬪時，革命運動已在形成之中），予以致命的一擊這個事實，卻無法提出一個充分的解釋。因此，作爲保全皇朝的手段，翁同龢的有限改革論與康有爲較廣泛的變法運動同屬無效。從實際的觀點來說，兩者沒有什麼優劣之別。

但是，就整個中國近代思想史的大格局來看，康有爲的地位與翁同龢截然不同。翁同龢依存於中國皇朝傳統，成爲一個愛國、憂患而囿於傳統的典型士大夫。當中國被迫改變她的環境以調整其制度與思想生活的關鍵時期中，這批士大夫正主宰着政治舞臺。當王朝體系消逝，翁同龢這類人的信仰與志業所依託的客觀條件也就一去不返了。另一方面，康有爲懷疑傳統的思想與制度體系，並承認他心目中的近代西方文明的最佳成分自有其效用。他指出了一片新的思想視野，並在王朝顚覆後立卽展開。這些未必都是光輝或有利的；康氏本人對其也存着懷疑的態度。但是，在同時代的人物之中，他比其他人更具催生力。就這樣，他所造成的歷史影響遠比翁同龢深遠。

蕭公權先生全集⑤

翁同龢與戊戌維新

1983年7月初版　　定價：新臺幣380元
2020年6月二版

著　　者　蕭公權
譯　　者　楊肅獻

副總編輯　陳逸華
總經理　陳芝宇
社　　長　羅國俊
發行人　林載爵

出版者　聯經出版事業股份有限公司
地　　址　新北市汐止區大同路一段369號1樓
叢書主編電話　(02)86925588轉5305
台北聯經書房　台北市新生南路三段94號
電　　話　(02)23620308
台中分公司　台中市北區崇德路一段198號
暨門市電話　(04)22312023
台中電子信箱　e-mail：linking2@ms42.hinet.net
郵政劃撥帳戶第0100559-3號
郵撥電話　(02)23620308
印刷者　世和印製企業有限公司
總經銷　聯合發行股份有限公司
發行所　新北市新店區寶橋路235巷6弄6號2F
電　　話　(02)29178022

行政院新聞局出版事業登記證局版臺業字第0130號

本書如有缺頁，破損，倒裝請寄回台北聯經書房更換。　ISBN 978-957-08--5558-6 (精裝)
聯經網址 http://www.linkingbooks.com.tw
電子信箱 e-mail:linking@udngroup.com

國家圖書館出版品預行編目資料

翁同龢與戊戌維新 / 蕭公權著；楊肅獻譯．
二版．新北市．聯經．2020.06
158面；14.8×21公分．（蕭公權先生全集；5）
ISBN 978-957-08-5558-6（精裝）
[2020年6月二版]

1.翁同龢-清 2.戊戌政變 3.傳記

627.87 109008531